Biblio battle

ビブリオ
バトル
ガイドブック ルール改訂版

ビブリオバトル普及委員会
編著

子どもの未来社

はじめに

　2009 年にビブリオバトルが一般にお披露目されてから、早くも 14 年が経過しました。現在では多くの方たちがこの魅力的なコミュニケーションゲームを楽しんでいます。

　そのなかで、さまざまな個性的な取り組みが現れています。これらの取り組みのなかには「ビブリオバトルを始めてみたい」「ビブリオバトルをコミュニティの活性化に活用したい」と考えている方々にとって参考になるものも少なくありません。ビブリオバトルをより多くの場面で楽しめるということを実感していただけると考えて本書を企画いたしました。

　この本は、2016 年から始まった Bibliobattle of the Year（BoY）受賞者の取り組みを中心に、ビブリオバトルをもっと活用したいと考えている方に役立つと思われる事例を集めました。

　また、「アフターコロナ」時代の要求に応えるため、オンラインでのビブリオバトル開催についても収録いたしました。本書がビブリオバトルの新しい可能性を発見するための「ガイドブック」となることを願います。

　　　　　　　　　　　　　　　　　　　　　2023 年　夏
　　　　　　　　　　　　　　　　　ビブリオバトル普及委員会
　　　　　　　　　　　　　　　　　　　　代表　須藤秀紹

CONTENTS もくじ

第3章　学校でビブリオバトル　105

1章

ビブリオバトルの
ルールと開催方法

ビブリオバトルの公式ルール

ビブリオバトルの公式ルールは、次のように定められています。

1. 発表参加者が読んで面白いと思った本を持って集まる。
2. 順番に1人5分間で本を紹介する。
3. それぞれの発表の後に、参加者全員でその発表に関するディスカッションを2〜3分間行う。
4. 全ての発表が終了した後に、「どの本が一番読みたくなったか?」を基準とした投票を参加者全員が1人1票で行い、最多票を集めた本をチャンプ本とする。

「発表参加者」は本を紹介する参加者（バトラー）を指します。一方、発表を聞いてディスカッションに参加する参加者は「視聴参加者」とよびます。「参加者全員」という場合にはこれら全てを指します。

※2022年4月のルールの改訂について

ビブリオバトル普及委員会では、ビブリオバトル本来の趣旨の範囲内で、実態に合わせて運用できるように公式ルールおよび補足説明の検討を行っています。

2022年4月1日に、不自然だった文言や不明瞭だった箇所を整理・検討して公式ルールを改訂しました。今回の改訂はあくまで表現の改善を目的としており、公式ルールの内容そのものに関するものではありません。すでにビブリオバトルに親しんでいる方は、これまで通りのやり方で楽しんでいただくことができます。

ルールの説明

１．発表参加者が読んで面白いと思った本を持って集まる。

　ビブリオバトルにおいて、「本」は、バトラーの個性を表す「アイコン」として重要な役割を果たします。本は必ずバトラー自身が選ぶようにしてください。他の人から推薦された本を使うこともできますが、その場合でもバトラーの意志で決定することが重要です。

　またそれぞれの開催で、本のテーマを設定することもできます。コミュニティやメンバーによっては、テーマを設定することでゲームを盛り上げることができます。

２．順番に１人５分間で本を紹介する。

　ビブリオバトルはコミュニケーションゲームですので、時間を守ることが大切です。バトラーは５分間が経過した時点で速やかに発表を終了してください。また５分前に発表を終えることもできません。必ず５分を使い切ってください。ビブリオバトルでは、バトラー全員が、それぞれ５分間、他人にさえぎられることなく耳を傾けてもらえる権利をもっています。司会者にはこのことを意識して運営することが求められます。

　発表ではパワーポイントやキーノートなどのスライド資料を用いることはできません。またレジュメやプレゼン資料の配布もできません。原稿の読み上げではなく、自分の言葉でライブ感をもって発表するようにしましょう。

3．それぞれの発表の後に、参加者全員でその発表に関するディスカッションを2〜3分間行う。

　ディスカッションの時間では、発表内容の揚げ足を取ったり、批判的な問いかけをしてはいけません。発表内容でわからなかった点の追加説明を求めたり、「どの本が一番読みたくなったか？」の判断に必要な質問を心がけてください。参加者全員が楽しい場となるよう配慮することが肝要です。

　質疑応答が途中の場合などはディスカッションの時間を多少延長しても構いませんが、当初の制限時間を大幅に超えないように注意しましょう。

4．全ての発表が終了した後に、「どの本が一番読みたくなったか？」を基準とした投票を参加者全員が1人1票で行い、最多票を集めた本をチャンプ本とする。

　参加者全員の投票でチャンプ本を選びます。ビブリオバトルは民主的なゲームです。司会者、審査員、教員といった一部の参加者に決定権を偏らせることはできません。バトラーにも投票権があります。ただし自身が紹介した本には投票せず、ほかのバトラーの本に投票するようにしてください。

> 公式ルールはビブリオバトル普及委員会の公式サイトでも確認できます。
>
> ★公式サイト　https://www.bibliobattle.jp/rules

　この公式ルールを守るという条件のもとで、ビブリオバトル開催における名称利用を万人に対して許可しています。ただし放送・出版等での名称利用については、別途手続きが必要です。詳細はビブリオバトル公式サイトで確認してください。

（須藤秀紹）

さまざまなシーンでのビブリオバトル

ビブリオバトルは2007年に京都大学の研究室から生まれました。その後、「ビブリオバトルを全国に広めよう！」と有志が集まり、2010年にはビブリオバトル普及委員会（任意団体）が設立され、公式ウェブサイトも開設されました。ウェブサイトにはビブリオバトルの活用方法や全国の開催情報などが掲載されています。

開催場所は、学校や図書館、書店だけでなく、カフェやライブハウス、居酒屋、商店街、古民家などさまざまであり、その他にも同窓会や企業研修、婚活イベントや結婚式での開催例まであります。また、SF好きが集まるビブリオバトルや、着物を着て楽しむビブリオバトルなど、参加形式を限定したり、テーマを限定して行うこともあります。

ビブリオバトルは大きく分類すると、コミュニティ型、ワークショップ型、イベント型の3つの開催形式があります。それぞれのシーンに合った方法で、ビブリオバトルを開催してみましょう。

●コミュニティ型

特定のグループや組織の中で開催されるビブリオバトルです。大学の研究室で生まれたビブリオバトルはこのコミュニティ型の形式から始まりました。友人同士や家族、職場の同僚同士など、ごく限られた人数で行えます。また、コミュニティ型であれば、参加者全員が気軽に発表者になることができます。発表時間や発表する人数によって、臨機応変にビブリオバトルを行ってみましょう。学校や職場などの同じグループや組織に属している間柄でもビブリオバトルをしてみると、バトラーの人柄や興味関心について新たな発見があるはずです。

●イベント型

本を紹介するバトラーと、発表を聞く聴衆に分かれて、イベント形式で開催されるビブリオバトルです。バトラーや聴衆を募集して開催する場

合が多く、開催場所は書店や図書館に加えて、カフェ、美術館など多種多様です。高等学校や大学では文化祭のイベントとして開催されることもあります。

イベント型の中には、図書館や書店で継続的にビブリオバトルを開催することで、特定の空間・場所を媒介にして、人とのつながりや出会いを生み出す「コミュニティ形成志向」のビブリオバトルも増えています。オープンな場所での継続的なイベントは、図書館の利用者や書店の来客者など、同じ空間を利用しながら関わりのなかった人同士の交流を生み出しています。

●ワークショップ型

発表者が複数グループに分かれて同時進行で行う形式のビブリオバトルです。大人数で行うビブリオバトルはこの形式が有用であり、たとえば学校の授業では、クラス全員を４〜６人のグループに分け

てワークショップ型のビブリオバトルが行われています。１人の人が全体のタイムキーピングをするときは、全員がカウントダウンタイマーを見ることができるように、プロジェクターでスクリーン（壁や黒板、ホワイトボードなどでも代用可）に残り時間を表示しておくとよいでしょう。

また、イベント型と同様に、各グループに進行係として司会役を立てると、スムーズにビブリオバトルを進めることができます。

ここでは、３つの開催方法を紹介しました。どのビブリオバトルでも終わった後に参加者同士で話すことができる時間を設けることをおすすめします。発表された本の話をきっかけにして、話したことのない人とも大いに盛り上がることができます。それこそ、コミュニケーションの輪を広げるビブリオバトルの醍醐味といえます。　　　　　　　　　　（飯島玲生）

会場のレイアウト

ビブリオバトルと聞いて、あなたがイメージするのはどんなシーンでしょうか。バトラーが壇上から多くの聴衆に向け語りかける風景を思い浮かべる方もいれば、教室でグループをつくってそれぞれゲームを行うようすが浮かぶ方、居酒屋でテーブルを囲みながら本を紹介する光景を思い出す方など、さまざまでしょう。

ビブリオバトルは、状況に応じて多様なレイアウトで行うことができます。「どのように机やイスを配置するか？」「スクリーンをどこに置くか？」といった一見細かなちがいが、参加者の体験を大きく異なるものにします。また、近年はオンライン・ビブリオバトルの普及などもあり、レイアウトの幅はますます増え続けています。

ここでは、ビブリオバトルで用いられる会場レイアウトの例をいくつかご紹介します。実施する目的や、会場の制約、参加者同士の関係性などによって、最適なレイアウトは異なります。また、ここに挙げたものだけが全てではなく、それぞれの要素を組み合わせたり、新しい技術を取り入れたりすることで、レイアウトの幅はさらに大きく広がります。ビブリオバトルの開催を考えている方は、ぜひ参考にしてみてください。

●共通するポイント「タイマーを全員が見える位置に置く」

ビブリオバトルの大きな特徴のひとつは、本の紹介とディスカッションの時間に制限があることです。タイマーをバトラーだけでなく参加者全員から見えるようにしておくと、残り時間とともに「あと30秒しかないけど話し切れるかな？」「あと2分もあるのに、話すこと忘れちゃった」といったバトラーの心情を会場全体で共有できるので、場が盛り上がりやすくなります。

> ★タイマー情報
> カウントダウンタイマーについては以下に詳細があります。
> タイマー情報：ビブリオバトル公式サイト
> https://www.bibliobattle.jp/information/timer

1．テーブル・車座

参加者全員がテーブルを囲む／車座で座る

（例：p.42 草津市立市民交流プラザなど）

草津市立市民交流プラザ

- ●3名〜10数名程度に適している
- ●参加者が、聞き手を含め互いの顔を見ながら進行できる
- ●相互的なコミュニケーションを生じさせやすい

　参加者がひとつのテーブルを囲むなど、車座になって互いの顔が見える状態でゲームを行うレイアウトです。聞き手を含め、お互いの表情が見えるので、参加者の間のコミュニケーションが生じやすく、バトラーになる心理的ハードルも比較的低くすることができます。

2．教室・ステージ

バトラーが話す固定スペースに向け聴衆の席を配置する

（例：p.25 天満橋ビブリオバトル、p.38 有隣堂、p.48 佐世保市立図書館
　　　p.56 株式会社 NTT データなど）

天満橋ビブリオバトル

- ●3名〜数百名規模まで対応可能
- ●規模が大きくなるほど、聞き手が受け身の姿勢になりやすい傾向がある
- ●テーブルを囲む形よりも、バトラーの緊張は高まりやすい

　一般的な教室での授業のように、聞き手の席を同一の方向に並べ、バトラーが前に立って話すレイアウトです。図書館や書店で行う小規模なものから、全国大会など数百人が参加する大規模なイベントまで、さまざまなシチュエーションで用いられています。聞き手の正面のスクリーンやディスプレイにタイマーを表示すると、会場の一体感が高まります。

　少人数で同じテーブルを囲む形式に比べると、バトラーの緊張は大きく

なりがちです。大人数を目の前に語る経験はなかなかできないので、よい練習の機会になるでしょう。

　一方、規模が大きくなるに従って、聞き手の意識が受け身になり、相互的なコミュニケーションが生まれにくくなることには注意が必要です。ビブリオバトルでは、聞き手も全員が審査員として主体的に参加することで、よい雰囲気が生まれます。聞き手の数が多く、あいづちやディスカッションでの質問が出にくくなりそうな場合は、ゲームの前に簡単なアイスブレイク（場の緊張を解きほぐす手法のこと）を入れるなど、会場の雰囲気づくりや聞き手のモチベーションを高める工夫も検討しましょう。

3．ワークショップ

　多くの参加者を少人数ごとのグループに分け、同時並行でゲームを行う
（例：p.34 高見京子、p.40 ブックエース、p.68 大阪府教育委員会、
　　　p.74 はりまビブリオバトルなど）

●6名〜数百名規模まで対応可能
●参加者全員がバトラーを体験できる
●各グループ内は少人数になるため、
　自然な相互交流が期待できる

ブックエース

　p.12 にも記載している、ワークショップ型のビブリオバトルを行うためのレイアウトです。大人数の参加者を4〜6名程度のグループに分け、同時並行でビブリオバトルを行います。タイマーを全員が見える位置に設置して使用すると、一体感を高められるだけでなく、各グループの進行のばらつきを防げるのでおすすめです。

　このレイアウトでは、全員がバトラーを体験できます。その上、各グループは少人数なので、グループ内で自然な相互交流も期待できます。教室でビブリオバトルを導入する際も、よくこの形が用いられています。

　一方、このレイアウトでは自分のグループ以外でどんな本がどんな紹介のされ方をしたのかわからないという面もあります。各グループでチャンプ本を獲得した人同士による「決勝戦」を行うと、ある程度他のグループ

のようすを共有したり、少人数と大人数のビブリオバトルの両方を経験してちがいを感じてもらったりすることができるので、時間が許せばぜひやってみてください。

4. リモート映像あり

参加者全員がビデオ通話でゲームを行う

（例：p.77 生駒ビブリオ倶楽部、p.80 オンラインスクール OneStep

　　　p.84 阿波ビブリオバトルサポーターなど）

● 3名～数百名規模まで対応可能
● Zoom、Microsoft Teams など、ビデオ通話できるサービスを利用して行う
● 離れた場所にいる人同士が気軽にプレイできる
● ゲーム後の交流がややむずかしい

COVID-19 感染拡大の影響で、近年急速に広まった手法です。Zoom や Microsoft Teams などのビデオ通話ツールを使用して、ビブリオバトルを実施します。各オンラインイベントと同様、参加者が一つの空間的な会場に足を運ばなくてもよい点が最大の特徴でしょう。この手法の普及により、感染症対策になるのはもちろん、外出がむずかしい方や遠隔地のバトラー同士でも、気軽にビブリオバトルで遊べるようになりました。2020 年、2021 年には、大学生全国大会も Zoom ウェビナーを使用して行われています。

ただ、ビデオ通話でのビブリオバトルは、現在のところやりとりできる情報の豊富さという点において、対面のゲームに及ばない、というのもまた事実でしょう。また、ビブリオバトル後によく行われる懇親会（ビブリオバトルはよいアイスブレイクになるため、「懇親会が本番！」と語る方も多いです）も、同時に複数人が話せないビデオ通話だと、運営がむずかしい面があります。これらの壁を、今後メタバース（インターネット上の仮想空間）など新しい技術の発展により、超えていくことができるのかは要注目です。

おすすめのタイマーや投票方法など、運営のヒントになる情報をビブリオバトル公式サイトに掲載していますのでご活用ください。

> オンライン・ビブリオバトル：ビブリオバトル公式サイト
> https://www.bibliobattle.jp/information/how-to-hold/online

5. リモート映像なし

参加者全員が音声のみのツールでゲームを行う
（例：p.102 ビブリオバトル on スペース）

● 3名〜数百名規模まで対応可能
● Twitter[※] スペース、Discord など音声のみでやりとりするサービスを利用して行う
● ディスプレイを見続けたり、自分の映り方を気にかけたりする必要がないため、気楽に参加できる
● タイマー（残り時間）の共有はむずかしい場合が多い

※ 2023 年 7 月末より名称変更

4 と似ていますが、映像がなく音声のみでやりとりすることが特徴です。映像がないので、タイマーを表示したり、書影を参加者に見せたりすることができません。通常のビブリオバトルに慣れている方にとっては一見むずかしく感じられるかもしれませんが、画面を注視し続けなくてよく、また自分の姿をカメラで映す必要もないので、より気軽に参加できます。また、各参加者に時間を測ってもらったり、書影を検索してもらうなど協力を必要とすることが、かえって一体感を生み出しやすくもします。

対面ともビデオ通話とも異なる体験なので、参加したことのない方はぜひ一度チャレンジしてみてください。

6. ハイブリッド

対面の参加者とリモートの参加者がどちらもいる状態でゲームを行う
　（例：p.98 渋谷教育学園渋谷中学高等学校図書委員会
　　　p.108 コラム「小学校でのビブリオバトルとこれから」）

●3名～数百名規模まで対応可能
●さまざまなバリエーションがある
●対面・リモート両方への対応が必要

　今後ますます増えていくと考えられるのが、対面とリモートの参加者がどちらも存在するレイアウトです。ほとんどが対面の参加者のなか、一部のバトラーや聞き手のみがリモートで参加する場合もあれば、リモートで行っているビブリオバトルのようすを大勢の聞き手がひとつの空間で一緒に視聴する場合もあり、その他さまざまなバリエーションが考えられます。

　運営するには、対面・リモート両方への対応が必要になります。全員に音声が届いているか、タイマーは見えているか、質問をどう拾うかなどを、両方の参加者についてチェックしなければならないので、参加人数が多い場合、ビデオ通話ツールのようすを確認する担当者を配置するなど、人手を増やすことも検討しましょう。このレイアウトを用いることで、p.98のビブリオバトル全国・国際大会や、p.108のコラムのように遠隔地の学校同士でビブリオバトルを行うなど、新しい取り組みも可能になります。ぜひ挑戦してみてください。　　　　　　　　　　　　（益井博史）

ビブリオバトル SOLA 全国大会 2021（p.98 参照）

2章

Bibliobattle
of the Year

Bibliobattle of the Year とは？

　ビブリオバトルに関わる活動は、図書館や書店などの読書に関係する場での開催はもちろん、友人同士の気軽なリモート開催やコミュニティ誌の発行、語学教育への活用なども挙げられます。これらは、活動に関わる人たちの興味や得意分野が反映された結果、発明当初は想像もされなかったような展開がなされたといえます。

　このようなユニークで魅力的なビブリオバトルに関する活動をしている個人・団体を表彰する取り組みが、2016年から開始されたBibliobattle of the Year（BoY）です。自薦・他薦によって広く候補者を募集し、複数の選考委員がそれらの活動を評価します。賞には下記の4つがあります。

（1）優秀賞（対象：普及委員会内外問わず、顕著な活動を行った個人・団体）
　ビブリオバトルの発展に寄与する活動、未来志向の先進的な活動、広く認知された継続的な活動を行った個人または団体の功績に対する賞。

（2）特別賞（対象：普及委員会内外問わず、顕著な活動を行った個人・団体）
　ビブリオバトルに関連する個性的な活動をした個人または団体の功績に対する賞。推薦者は、授賞者に即して賞の名前を提案する。
　例：特別賞　「街で楽しむビブリオバトルで賞」

（3）新人賞（対象：普及委員会会員）
　前々年度の4月1日以降にビブリオバトル普及委員会の会員になった者の顕著な活動に対する賞。

（4）大賞
　優秀賞の中で、ビブリオバトルの発展にもっとも寄与した活動を行った個人または団体の功績に対する賞。

　大賞は優秀賞の中から会員及び非会員によるウェブ投票を行い、授賞者を決定します。ビブリオバトルは、参加者全員の投票でチャンプ本を決定しますが、Bibliobattle of the Year の大賞の決定においても、活動に注目してくれる多くの人たちの意見を反映するというわけです。（坂本牧葉）

次ページより、2016 〜 2022 年度の Bibliobattle of the Year（略して BoY）よりピックアップした授賞団体＆授賞者を紹介します。さまざまな開催方法やゲームを楽しむためのアイデアがたくさんあります。ぜひ参考にしてみてください。
なお、Bibliobattle of the Year の詳細は
https://www.bibliobattle.jp/bibliobattle-of-the-year
をご覧ください。
また、2023 年 7 月末より Twitter のブランド名が変更になりましたが、本書は BoY 授賞当時の名称にて掲載しています。

益井博史さんと
ソロモン諸島のみなさん

授賞理由●京都で「ビブリオバトルふしみ」を立ち上げ、定期的なビブリオバトル
の開催や地域イベントと交流を重ねるなど、ビブリオバトルの枠を超え
た活動をしてきた。2016年からは日本での地域活動を発展させ、青年
海外協力隊として赴任したソロモン諸島でビブリオバトルの定期的実施
を通した国際的な普及活動を実践している。
参加人数（平均値）● 7人〜全校生徒
開催場所●ソロモン諸島

「Long Bibliobattle, iufala seleva decidim champion buka, nomoa
teacher. (ビブリオバトルでは、先生ではなく、君たち自身でチャンプ本を決めます)」

とある小学校での出張授業。よしよし、僕のピジン語（ソロモン諸島の共
通語)も随分板についてきたな。生徒たちも集中して聞いてくれているし…?

気づくと、彼らの目線は明らかに僕より上のどこかに向けられている。少し
落胆しながら口を開きかけると、1人の男子がまっすぐ1点を指差した。指の
先では、教室の天井を、黒い4本足の何かがゆっくり移動している。トカゲに
しては大きいその生きものの正体は、すぐに幾人もの生徒が教えてくれた。
「Iguania! (イグアナだ!)」

こうして、恐らく世界で初めて、「イグアナに
よって中断させられたビブリオバトル」が誕生
したのだった。

ソロモン諸島は、オーストラリアの北東に位
置する、大小約1,000もの島々からなる常夏の国です。わたしは、2016年
から2018年まで、青年海外協力隊*の隊員としてソロモン諸島イザベル
州（ソロモンに10ある行政区画のひとつ。日本の都道府県のようなもの)
教育局に赴任していました。この部署はイザベル州内に約50ある小・中
学校を管轄しており、それらの学校に通う生徒・児童の読書習慣向上が、
わたしの主なミッションでした。

＊青年海外協力隊：JICA（独立行政法人国際協力機構）が日本政府のODA（政府開発援助）で行っ
ている、開発途上国からの要請に基づいて希望者を募集・選考・訓練を経て現地に派遣する、
ボランティア制度「JICA海外協力隊」のひとつ。

　書店のないソロモン諸島では、学校図書室は子どもたちにとってほぼ唯一の「本にふれられる場所」になります。しかし、いくつかの学校を視察したところ、多くの図書室が活用されていないことがわかりました。そこで、「図書室を使わざるを得ない取り組み」を授業に導入してもらうため、ビブリオバトルの普及活動に注力することにしました。

　ソロモン諸島は日本と大きく環境が異なり、海外生活自体が初めてだったわたしにとっては驚きの連続でした。冒頭のエピソードのように教室に知らない生きものが入って来ることもありますし、通学のためワニのいる川をカヌーで渡らなければならない学校もあります。ビブリオバトルをいくつかの学校で行ったものの、そうした環境のちがいもあってなかなか普及につながらず苦心していた頃、Bibliobattle of the Year という表彰制度が設立され、ソロモン諸島での取り組みを最初の大賞に選んでいただけたというニュースを聞き、大きく励まされたのをよく覚えています。幸い、活動はその後全州の教育局長が集う会議で取り上げてもらうことができ、州をまたいだ普及事業につながりました。「日本（の団体）に評価されている」という事実は、精神的にも広報面でも確実に活動を支えてくれました。ぜひ、これからも各地の魅力的な取り組みをあと押しし続けてもらえたらと思います。

　最後に、興味のある方に向けて、ソロモン諸島での経験から得た「海外の学校でビブリオバトルを普及させる3つのコツ」について述べておきます。ビブリオバトル以外のコンテンツや国内でも共通する部分があるかと思いますので、参考になれば幸いです。

　1つ目は、「ビブリオバトルの司会進行は、なるべく現地の人（主に教員）に任せる」です。司会進行を自分でしていると、どうしても「外国人（よそ者）がやってくれるイベント」という目でしか見てもらえません。一度自分で司会をしたら、2回目以降は現地の教員さん等に委ねてしまいましょう。

これを意識するようになってから、ビブリオバトルを継続してもらえる確率がぐっと高まりました。

ソロモン諸島ウェスタン州の小学校で行ったビブリオバトル

　2つ目は、「可能な限り発表のハードルを下げる」です。「人前での発表」に対する心理的ハードルは、日本でもソロモン諸島でもあまり変わりません。特に教室で行う場合には、先生も生徒も「ミスをしないこと」を第一に考えてしまい、固い作文発表会のような雰囲気になりがちです。しかしそれでは、「ビブリオバトルが楽しいからまたやってみよう」という動機につながりません。そこで、学校で習う公用語の英語をあえて禁止し、普段使っているピジン語でゲームをしてもらいました。すると、外国人であるわたしがひしひしと感じるほど、ビブリオバトルが「コミュニケーションの場」に様変わりしました。

　3つ目は、「いつでもプレゼンできる準備を整えておく」です。特に交通インフラやネット環境が脆弱な地域では、コミュニケーションできる機会はとても貴重です。活動を広げられそうなキーマンに出会ったとき、すぐにビブリオバトルの内容やメリット（ソロモン諸島で一番手応えがあったのは「新しく資材を買わなくても、図書室にある本と時計だけあればできます！」でした）などを伝えられるよう、スライドや映像などを準備しておきましょう。海外でも、ビブリオバトルを通して読書やコミュニケーションを楽しんでくれる方々が増えてくれることを願っています。

（益井博史）

地域 天満橋ビブリオバトル

> 授賞理由●紳士淑女のためのビブリオバトルサロンとして、平日の夜仕事帰りの大人が集まる場を2010年より定期開催。2019年3月には100回目の大台を迎えており、参加者名簿が400名を超える多様な集まりとなっていて、ビブリオバトルを超えた交流拠点ともいえるコミュニティとなっている。
>
> 参加人数（平均値）● 25人
> 開催場所●図書館・書店・レンタルスペースほか

天満橋ビブリオバトルは、2010年11月に大阪市の大川沿いにあるビルの多目的スペースをレンタルするかたちでスタートしました。この場所が天満橋という地にあったことから「天満橋ビブリオバトル」と命名しています。スタート以来回数を重ねて第120回を重ねるところまで至っています。

100回目開催記念時の写真

開始から3年ほどは天満橋の場所にて開催を続けていましたが、あるときから天満橋を離れてさまざまな場所で開催するようになりました。それ以来、本屋、寺、図書館、大学……、時には国指定重要文化財の中央公会堂など、さまざまな場所で開催してきました。参加者は実に多様です。回数を重ねて気づけば来られた参加者はこれまでで400名を超え、レギュラー参加のメンバーもいれば、初めましての方も毎回何人かいらっしゃいます。会社員を主体とした社会人の集まりではありますが、大学生や書店員、教員もいれば落語家さんが参加したこともありました。ほかのビブリオバトルの主催者の方も参加されます。また開催場所と参加者の広がりはリンクしています。開催場所を変えることで新たな人との出会いがあったり、逆に参加者の方から開催場所を紹介いただいて面白い場所での開催につながったり……。こんなことを地道にくり返しながら場所と人のネットワークが広がってきました。

この天満橋ビブリオバトルから発展するかたちで、いくつかのビブリオバトルの活動が生まれているのもとてもうれしく思っています。

●開催のポイント

　ここからは天満橋ビブリオバトルにおける開催のポイントを5つにまとめてみました。

1）有料開催

　天満橋ビブリオバトルでは基本的に参加費500円をいただき、それを運営費に充てています。一番出費として大きいのは場所のレンタル代ですが、他にお茶の用意やフライヤーの印刷などもこのお金で賄います。主催者も参加者も一緒に気持ちよく続けられるように、主催者の持ち出しをなくすために参加費をいただいています。当然同じ立場なので、主催者も毎回参加費500円を払っています。

2）できるだけ懇親会をセッティング

　ビブリオバトル後に希望者で飲みに行くという流れを当初からつくっていました。せっかく「本が好き」という共通点がある人たちが集まっていますので、もう少し交流してみたいという声をこの懇親会の場で拾えているのではと思います。この場があるからこそ人のネットワークが強く広くなっているように感じています。

3）開催日は第3水曜日の19:30から

　これは社会人が平日夜に参加することを考えて設定しています。特に2010年当時はノー残業デーなどが始まりだした頃で、主催者が参加しやすいという面もありました。

4）運営は3人の主催者で

　天満橋ビブリオバトルは3人の主催者（吉野・中津・池内）で運営しています。1人で全てやろうとすると、出張や急な残業などで運営自体が回らなくなるリスクがあります。3人いればお互いに頼ることもできます。

5）バトラーを事前募集しない

　天満橋ビブリオバトルでは事前募集をしません。これには理由があります。事前募集をすると確実に参加できる方からしか発表参加の申し出がこなくなります。平日夜の開催ですので急な仕事で参加できなくなることはだれにでもあり得ます。そんなことになると、欠席した方は気まずくなって次に参加しにくくなります。そうしないために当日現場にて発表者を募集するようにしています。こうすれば欠席の心配はありません。

さまざまな場所で開催
（上：商業施設、左：寺）

　改めてふり返ると、全てはこれまで参加いただき、すてきな本を持ち込んでいただいたみなさんのおかげで成り立って来ているんだと痛感します。これからも今まで通り楽しく、そして新しい人はウェルカムでやっていきたいと思います。 　　　　　　　　　　　　　　　　　　　　　　（池内祥見）

地域 BiblioEi8ht（ビブリオエイト）

授賞理由●主に東京都八王子市近辺で、草の根的なビブリオバトルの開催を地道に重ねてきている。一見関連のない本を必ず2冊紹介し、さらに2冊の関連について説明する「ダブルバウト・ビブリオバトル」やタイトルマッチなど、独自の趣向を凝らしてビブリオバトルの楽しさを拡大させ、社会人層にビブリオバトルの文化を定着させている。

参加人数（平均値）● 20人

開催場所●八王子クリエイトホール（東京都）ほか

　BiblioEi8ht は、東京・八王子を拠点に活動するビブリオバトル・コミュニティです。参加人数は毎回20名前後。駅前の会議室（クリエイトホール）や中央図書館、西調布のブックカフェではステージレイアウトで、高尾山では車座で、居酒屋ではテーブルを囲む形式で開催しています。

　活動開始当時も現在も八王子周辺で開催されるビブリオバトルは少なく、参加したいと思っても都心や横浜方面に行くしかありませんでした。もっと気軽に近場でビブリオバトルを楽しみたいと思い、主催を始めました。どんな雰囲気で、どう進行すれば楽しくなるのか悩んだ末に、あちこちのビブリオバトルのいいとこどりをして、自分が楽しいビブリオバトルをつくっていきました。しかし、参加者が集まらないことも少なからず。都心より西へ1時間弱という地の利のない八王子に遠征してもらうには、BiblioEi8ht に来ないとできない企画にしなくてはと『スウェーデン式アイデアブック』（フレドリック・ヘレーン／著　ダイヤモンド社）を片手に吟味した結果、「独自の趣向を凝らした」と称されるビブリオバトルが誕生しました。

　完全オリジナル企画でもっとも人気のある【ダブルバウト・ビブリオバトル】は、必ず2冊紹介するビブリオバトル。ただし、「一見、関連のない」という2冊です。テーマで結びついた2冊を紹介するのではなく、関連のない2冊なのは、読書を続けるなかで「あれ？　これって、前に読んだあの本の……」という、だれしも一度や二度は感じたことのある「その人にしか訪れないセレンディピティ」を紹介してほしいからです。実際に紹介

された本も、純文学とミステリ、漫画と小説、SFとスポーツ、詩集とエッセイなど組み合わせいろいろ、想像できない一人ひとりの気づきで、楽しい本もむずかしい本も悲しい本もうれしい本も、2冊合わせてとらえ直すと新たな魅力が見つかり、読書の面白さがより深まっていくゲームです。

　もう一つの人気企画【ブラインド・ビブリオバトル】は、発表の際に本を出さず、タイトルや著者名も言わずに内容だけで紹介するビブリオバトルです。ビブリオバトルでは、さまざまな本が紹介され「一番読みたくなった本」に投票しますが、「ラノベは読まないからなあ……」「BLはちょっと……」「分厚くて高そうだから……」と内容以外でバイアスがかかることがありませんか？　読んでみたらきっと面白くて新しい世界が待っているかもしれないのに、それはもったいない。そう思って、本そのものを隠してしまう企画として始めました。うまくいくのか不安だらけでしたが、ドタバタ・ラブコメディという紹介が、実はシェイクスピアだったり、「普通について考える本」という読みものかと思いきや学術書だったり、エッセイ的なものかと思うと図鑑だったりと参加者のみなさんの想像力には驚くばかりです。日常ミステリーやゲーム関連本がチャンプ本をとったりするので、読み方、とらえ方、紹介のしかたは人それぞれ。まだまだ本には「あなたの知らない世界」があるなと気づかされます。さらにオンラインでは、バトラーも姿を隠す「究極版ブラインド」も開催。声を変えたりアバターで参戦したりとビブリオバトルの新しいかたちを感じる1戦になりました。

　そのほか、お酒を呑みながらはもちろん、高尾山の山頂や、その場で発表されたテーマに合わせて図書館で本を探してのバトル（探検編）や、神保町で本を買ってのバトル（冒険編）など、思いつく限りの変形ビブリオバトルをくり広げていますが、一番楽しく、一番奥深く、一番展開が読めないのは、何も企画しない、テーマも設定しないフツーのビブリオバトルなのが、ビブリオバトルのすごいところです。

（五十嵐孝浩）

BiblioEi8ht 恒例、King of Bibliobattle
をかけてのタイトルマッチ戦

↑は Queen of Bibliobattle の
チャンピオンベルト（レプリカ）

地域 いぶりびぶりぶ♪

授賞理由●地域のコミュニティスペースで、毎月1回（最終土曜日）ビブリオバトルカフェを開催。定期的かつ継続的な取り組みであり、普及への貢献度が高く、大型イベントにも積極的に協力しており、北海道道央・道南地区の普及の牽引役となっている。
参加人数（平均値）●4〜5人
開催場所：●コミュニティスペース・居酒屋・図書館など

2013年の9月ごろ、当時、室蘭工業大学のビブリオバトルサークルが主催したイベントに参加した社会人4名が「自分たちでも集まってビブリオバトルをしよう」という思いでサークルを結成しました。「室蘭市のある地域のビブリオバトル部」ということでサークル名を「いぶりびぶりぶ♪」と決め、月1回の割合で活動を開始。約8年間に渡ってビブリオバトルを続けてきました。

土曜日の午後、商店街のコミュニティスペースに4〜5名がバトラーとしてオススメ本を持ち寄り、1時間程度のビブリオバトルをします。ビブリオバトルの雰囲気をたくさんの方に知ってもらうため、ゲストの参加はもちろん自由です。ときおり場所を変えて、居酒屋や図書館の一室をお借りして開催したこともありました。

終わったあとはお茶とお菓子でおしゃべりタイム。1ヵ月の近況を語り合ったり、バトラーが紹介した本を手に取ってページをめくったり。わたくし菅原の趣味が暴走し、持参したボードゲームを遊んでいただいたりしたこともありました。最後に次回の開催日時を確認して、夕方には解散となります。

そんなレギュラーの活動以外にも、室蘭工業大学の須藤秀紹先生（当時）が中心となって企画されたビブリオバトル世界大会（WBC）への協力や、わたくし菅原のオタク趣味が高じた結果、いぶりびぶりぶ♪のみならず室蘭工業大学の学生の方々まで巻き込み、地元のマンガ・アニメフェスタで開催したマンガ・アニメビブリオバトルなど、約8年の間にさまざまなかたちでのビブリオバトルをしてきました。諸事情により、いぶりびぶりぶ

♪としての活動は 2022 年３月をもって終了しました。しかし、これからも別のかたちでビブリオバトルに参加したいと思っています。

　そんなわたくし菅原が、これからビブリオバトル活動を始めるみなさんに向けて、ぜひともご用意していただきたいものがあります。タイマー？投票用紙？　もちろんそれらもビブリオバトルには重要ですが、なくてもいろいろと代用することができます。わたくしがあえてオススメしたいビブリオバトルグッズ、それはズバリ、「ビブリ棒」です！

　ビブリ棒とは、持ち手の先が円形になっていて、そこに１から６までの数字が書かれたものです。これを数字が見えないようにひっくり返し、くじ引きの要領でバト

ビブリ棒

ラーが発表順を決めるのに使います。これで、順番決めをシンプルかつ、ちょっとしたハラハラ感のあるものにできるのです。また、ビブリオバトルの最中は各バトラーが自分の引いたビブリ棒を所持することで、だれがどの順番で発表するのかが一目瞭然となります。また、最後の投票の際にもビブリ棒と発表本を一緒に手にすることで、「○番の本」と番号と発表された本を一対のかたちで示すことができ、投票がとてもしやすいのです。

　いぶりびぶりぶ♪で使用していた品は、菅原がわざわざベニアの合板を電動糸ノコで切って塗装した手作り品ですが、市販のパーティグッズ等でも似たようなものがあるので代用可能です。丸いプレートを白く塗りつぶし、めだつ色で大きく数字を書き込めば、あなたのビブリオバトルライフをワンランクアップ（させてくれるかもしれない）最強アイテムが完成です！　ぜひともビブリ棒ですてきなビブリオバトルを楽しんでください。

　なお、わたくしたちのビブリ棒は手作り品の欠点というべきか、はたまた制作者の不器用さのせいというべきか、持ち手部分の微妙な凹凸や色塗りのムラのせいで、菅原には番号が伏せた状態でもどの棒が何番なのかわかってしまうため、順番決めのときにはいつも余りものを引かされておりました（残念）。いつかコロナ禍が収まり、どこかでこの手作りビブリ棒が役に立つ日が楽しみです。

（菅原亜十夢）

2016 特別賞 吉野の山に咲く桜賞

店舗 The Cafe ビブリオバトル in [凡句来]（ぼんくら）

> 授賞理由●奈良県の吉野のカフェで、ビブリオバトルを定期的に開催。毎回少人数でも楽しいビブリオバトルを実践し地域に根ざした活動を継続している。ビブリオバトルの対面のコミュニケーションが、小さな規模ながらも活かされている。
>
> 参加人数（平均値）● 10人
>
> 開催場所●「コーヒーショップ凡句来」　奈良県吉野郡吉野町楢井 495-1

　奈良県の吉野のカフェで、ビブリオバトルを定期的に開催し、毎回少人数でも楽しいビブリオバトルを実践し地域に根ざした活動を継続しています。ビブリオバトルの対面のコミュニケーションが、小さな規模ながらも活かされていて、小さな規模だからこそ参加者一人ひとりが短い時間のなかで必ず一言二言発言していただくことを心掛け、無言で帰宅の途につくことがないように、その場にいたという実感を体で感じてビブリオバトルの体験をし、参加を重ねることで知らず知らずのうちに自身の進歩・向上・成長へとつながっていくようにと開催をしています。

　本の好き嫌いや、読書をするしないなどは関係なく、限られた時間で話す・聞く・考えるということを実践し、そのなかから今まで知らなかった新しい発見ができる可能性もあり、対話をするということで参加者同士のコミュニケーションの構築がより一層深まり、そのツールとしての主役である「本」というものにも改めて親しみを感じることが考えられると思います。開催当初からの参加協力者、ときどきスポットでの参加者、誘われてくる初めての参加者等々、ほかにもいろいろなところからのつながりで集まる方々のおかげで開催が継続でき、まだまだ参加者、特に発表者（本の紹介者）など参加人数の確保など考える

ところは多くあります
が、参加してみて
わかる臨場感を感じ
ていただき、今後の
リピートへとつなげ
ていただきたいと思
います。

　これまで約40冊の
チャンプ本が誕生し
ました。そして多くの方が当ビブリオバトルを卒業し、またどこからか新
たに次の仲間が生まれ……という具合に地道に開催数を重ね、10年とい
う月日が過ぎました。ここでのビブリオバトルに出会い、そして卒業して
いった人たちも現在それぞれの場所（社会）でビブリオバトルにふれたり、
ビブリオバトルでの経験を生かして活躍されていることと思っています。
そんな人間形成の礎となるビブリオバトル、これからも開催を続けていく
には課題はまだまだたくさんありますが、一回一回ていねいに参加者とと

もに魅力的なビブリオバトルをつ
くり上げ、終了時のなんともいえ
ない、表現のできない満足感と達
成感をぜひたくさんのみなさんも
感じていただき、ビブリオバトル
をもっともっとメジャーなコミュ
ニケーションツールとして取り上
げていただけることを期待します。

（コーヒーショップ凡句来　新谷安文）

大学　**高見京子**

2016 新人賞

> 授賞理由●大学の司書教諭科目授業のなかでビブリオバトルのワークショップを開
> 　　　　催。また公共図書館および学校司書や司書教諭に向けたセミナー・ワー
> 　　　　クショップの講師として活躍。
> 参加人数 (平均値) ● 5 人×いくつかのグループ
> 開催場所●大学

知的に楽しく！　ビブリオバトル‼

　わたしは、大学の授業でワークショップとして学生対象に行うことが多いのですが、そのほか岡山のグループでの月 1 回の会（今は Zoom 開催）でバトラーや進行役、公共図書館や公民館で講習会の講師として活動しています。参加者はちがっても、人数が多いときはワークショップ型を用いて、全員がバトラーを体験する形式で行います。時間に余裕があるときは 2 段階目にイベント型で行うこともありますが、ビブリオバトルの楽しさは少人数で行うからこそだと思っています。

　大学での受講生は、司書教諭もしくは司書を目指している学生なので、ビブリオバトルだけでなく、ブックトーク、絵本の読み聞かせなども行うワークショップのひとつとして行います。いろいろ行うなかで一番人気が高いのがビブリオバトルです。

　やり方は、公式ルール通り（大学以外でもほぼ一緒）。まず事前に、ビブリオバトルを行う旨と「自分が面白いと思った本を持って集まる」ことを連絡しておきます。そのとき、「本だったら何でもいいこと」を伝えます。これは、「本」とは何かという講義とも重なるところです。「小説だけじゃないよ。新書でもいいし、漫画でも雑誌でも図鑑でもいいよ」と伝えます。ここでまずグッと緊張がほぐれます。そして「準備も何も要らない」「メモぐらいはしてもいいけど、ぶっつけ本番くらいでいいよ」「本を忘れたらスマホで画像をみせてくれたらいいからね」とも。

　当日、1 クラスが何人であろうと、5 人前後で、収まりがよい人数のグループをいくつかつくります（席が近い者同士など）。きちんと割り切れないときの早く終わるグループでは、ほかのグループが終わるまで雑談を

していてもらいます。じゃんけんで順番を決め、準備はOK。進行はわたしが務めます。

始まると、あちこちで笑いや拍手などが起こります。時間が余って困っていると自然と助け船が出ます。こ

大学でのワークショップ

れは厳密にはルール違反かもしれないけれど自然現象だし、楽しさを第一の目的としているので目をつぶります（ディスカッションタイムの延長みたいな感じです）。

ひと通り終わると、チャンプ本を選びます。数人だし、子どもではないので、指差しでチャンプ本を決めます。ただ選ぶ前に「純粋に読みたいと思った本を選んでね。この前おごってもらったとか、かわいかったとか、先輩だからとかいうのはなしよ」と、念を押します。

決まったら、チャンプ本を紹介した人に起立してもらって、みなで拍手。ほかのグループにもわかるように、ひと通りチャンプ本の紹介もしてもらいます。その後、自分の紹介本の記録と感想を書いてもらって終了です。次回の授業で全員の本も紹介します。授業なので、終わったあとの茶話会などはできないのですが、学生たちは本の交換をしたり、会話がそれぞれ弾んで楽しんだりして教室を出ていきます。感想には、ほとんどの学生が「楽しかった」「面白かった」と書いています。その「楽しさ」の中身は、「好きな本の話を聞いてもらえた」「読みたいと思う本がいっぱいできた」「一生懸命話す友人がすてきだった」「本がより好きになった」「初めての人も以前からの友人のよう」「うなずいてくれる人がいてうれしい」等々、多岐にわたります。

読書の幅が広がったり、スピーチの練習になったりもするのですが、一番感じるのは、ビブリオバトルはコミュニケーションゲームだということです。わたしのビブリオバトルのキャッチコピーは「自由で、民主的で温かい」です。

（高見京子）

学校地域 中山岳彦（たけひこ）

授賞理由●栃木県日光市立中学校の社会科教諭および司書教諭として、生徒たちを
　　　　対象としたビブリオバトルを開催。併設の小学校でもビブリオバトルを
　　　　開催し、中学ビブリオバトル関東大会にチャレンジするなど、その活動
　　　　を広げた。宇都宮市立南図書館を拠点とした「とちぎくらぶ」を結成し、
　　　　栃木県全体のビブリオバトルの普及に力を注いでいる。
開催場所●中学校・小学校・図書館

　わたしは、中学校に勤めています。キャリアのほとんどがへき地の中学
校での勤務です。山間部のため過疎化が進み、生徒の人数の減少も著しい
というのが現状です。またどこも小規模のため、学校図書館の蔵書も古かっ
たり、冊数に限りがあるなど、生徒にとって決して良好な読書環境が提供
されているとはいえません。そんななかですが、家のまわりに遊ぶところ
も限られているからか、読書が好きな生徒の割合は比較的多いなあと感じ
ていました。週末には家族で街に買い出しに行く家庭が多いようで、週明
けの月曜日には必ずといっていいほど「本屋さんに行ったよ」「この前話
していた本買ったよ」「買った本が、あまりにも面白くて朝まで読んじゃっ
た」などという会話が聞こえてきました。わたしも根っからの活字中毒者
なので、そんなときはその会話に入って、おすすめの本を教えてもらった
り、自分が読んで面白かった本を紹介したりしていました。学級文庫には、
『本の雑誌』や内藤陳さんの『読まずに死ねるかシリーズ』を置いたりし
ていました。そんな頃に、ラジオで（多分 TOKYO FM でやっていた「サ
ントリーウエイティングバー・アバンティ」だったと思います）ビブリオ
バトルのことを聴きました。早速谷口忠大氏が書かれた文春新書『ビブリ
オバトル』（P.114 参照）を購入しました。

　「これだ！」と思ったので、さっそくビブリオバトル普及委員会へコン
タクトをとって、東京の晴海で開かれた「東京国際ブックフェア」でのビ
ブリオバトルに聴講参加して、メンバーに加えていただいた次第です。そ
の後もやはり本好きの娘と一緒にあっちこっちで開催されていたビブリオ
バトルに参加しました。なかなかチャンプ本を取ることはできませんでし

たが、そのつど面白い本や面白い人に出会って、自分の読書の幅も広がりました。さらに当時高校生でちょっと親父を避け始めていた娘が選ぶ本を知ることができたり、この活動をしていることでちょっとだけ見直されたりしました。

　ビブリオバトルの面白さにはまったわたしは、主に当時勤めていた山の中の小さな中学校でのコミュニティ型のビブリオバトルを中心に活動してきました。生徒の人数は少なかったのですが、多くの生徒が休み時間など四六時中本を読んでいたのに加え、ゲーム好きということもあり、すぐにのってきてくれました。初めてやったときの生徒の感想を紹介しますと、「バトル？　ゲーム？　面白そう！　実際やったときは不安だったけれど、本の面白さを伝えることができました。またやりたい！」「僕は本を読むのは好きだけれど発表は苦手なのでドキドキだったけれど、面白かった。はまりそうです」「●●君があんな本を読んでいたなんてちょっと意外、でも面白そうだなと思って早速貸してもらって読んでます」など好意的な反応が多くありました。その後、学期に1度のペースでビブリオバトルを行いました。最初4、5名のグループに分かれて行い、各班のチャンプ本を獲った生徒で決勝戦もやりました。決勝戦でチャンプ本を獲った生徒は第1回の中学関東ビブリオバトル大会にも参加することができました。そのことが読売新聞の栃木版に紹介されて、それを読んだ市民の方から「ビブリオバトルを見てみたい」と言われて日光市の大きなホールでやったこともありました。また併設の小学校でもミニ・ビブリオバトルを開催したり、その後異動になった何校かの学校でも同様の活動を行ってきました。

　さらに、宇都宮市立南図書館のビブリオバトルに参加した人たちと、栃木本活くらぶを立ち上げ、毎月1度コミュニティ型のビブリオバトルを楽しんできましたが、メンバーの転勤やCOVID-19感染拡大の影響で、現在本活くらぶの活

宇都宮図書館でのビブリオバトル

動は休止しています。今後かつての教え子たちと日光市を中心に定例のビブリオバトルを開催できるように計画を練っているところです。

　　　　　　　　　　　　　　　　　　　　　　　　　　（中山岳彦）

書店 株式会社有隣堂
（ゆうりんどう）

授賞理由●有隣堂は2013年「ビブリオバトル in 有隣堂」として開催を始め、以来開催を続け、着実にファンを増やしている。本拠地神奈川県を中心に開催支援や講師活動、文房具を取り入れた異素材ミックス企画などビブリオバトルの可能性を拡げ続けている。

参加人数（平均値）：20人

開催場所●自社イベント会場ほか

ビブリオバトル in 有隣堂

　2012年、紀伊國屋書店新宿本店のイベントを観覧したことが初めてのビブリオバトルでした。参加者同士の会話がそこここに聞かれ、サロンのような空間になっていました。すごいものを見た、と思いました。今思い返せば、紀伊國屋書店が最初の出会いだったことは幸運でした。そこにはビブリオバトル界ではレジェンドといわれる顔ぶれが揃っていて、その後の活動にも大きな影響を受けることになったからです。

　そして自分もプライベートでやってみることにしました。主な活動に「古民家×ビブリオバトル」があります。SNSの呼びかけで集まった福岡のメンバーと、古民家でビブリオバトルを行うコミュニティが生まれました。そこで築いたノウハウをもとに、勤務先でも企画し、2013年2月、「第1回ビブリオバトル in 有隣堂」が始動したのです。そして2013年4月、伊勢佐木町本店にて「第2回ビブリオバトル in 有隣堂」を開催以来、2019年10月の第86回までほぼ毎月開催していました。

【運営体制】

●企画立案を行うレギュラースタッフと、会場となる施設の有隣堂店舗店長とスタッフで協力して運営にあたることが多かったです。

●告知媒体は、公式ホームページ、Twitter、Facebookページ、店頭ポスターです。なかでもビブリオバトルファンはSNSユーザーが多いので、TwitterとFacebookの発信を見て参加くださる方が多いです。

●書店での開催は、お店に来て楽しんでいただくことと、読みたいと思った本を買っていただけるように準備することが大切です。バトラーの方

には事前に発表本の情報を教えていただきます。また POP を書いていただくのも書店ならではの楽しみのひとつとなっているようです。

【企画】

●通常回：一般参加のバトラーを事前募集し、当日の観覧者を募るもっとも多いスタイル。気軽に参加できるようゆるやかな雰囲気づくりを心掛けています。イベント型が多いですが、ワークショップ型を行うこともあります。

●スペシャル回：作家や出版社の方からアイドル、本のテーマにちなんだ特別ゲストを招いたり、本と文房具など異素材を組み合わせた特別企画を年に数回開催しました。図鑑編集者たちによる図鑑ビブリオバトルは、制作の裏側や見えない苦労、こだわりなどが披露され、図鑑の魅力や個性を見直す機会ともなり、人気企画となりました。

●グランドチャンプ大会：年1回、年間のチャンプ本獲得者のみをバトラーとして招待し、「グランドチャンプ本」を決定するチャンプ決戦。伊勢佐木町本店で行い、地元の老舗企業にも協賛していただき豪華賞品やお土産をご用意します。ビブリオバトルを通して横浜のことも知っていただくお祭り回です。

【ビブリオバトルの魅力】

●本がきっかけとなって、人の輪がつながり、交流空間がうまれるところが魅力です。それが第三の居場所となって、心にゆとりと刺激をもたらしてくれるのです。

●さまざまな本にスポットライトが当たり、さまざまな人が個性を発揮できるゲームです。書店に勤めていても「こんなに面白い本があったなんて知らなかった！」と驚くことばかりです。

【外部協力と今後について】

　出張企画や社外コラボ、外部団体、教育機関への開催協力・支援活動も積極的に行い、地域の読書文化振興に貢献しています。

　ビブリオバトルは、継続が真価を発揮する取り組みですので、書店での開催を継続し、出会いと交流の場をつくっていきたいです。また、地域や外部の方々と連携して本を通して人の輪を広げていきたいと考えています。

（市川紀子）

書店 株式会社ブックエース

授賞理由●茨城県を中心に 22 店舗展開する書店チェーンである（株）ブックエースは、読書普及活動の一環としてビブリオバトルに取り組み、2016 年度にはブックエースの社員 130 名でワークショップ型研修を実施。社員の理解を深めたうえでビブリオバトルを各地の書店で開催し、本を通じた地域の交流に貢献している。

参加人数● 130 人

開催場所●潮来「富士屋ホテル」 ※ブックエース 2016 年下期全社員会議

　ビブリオバトルを始めることになった具体的なご紹介は 2016 年だったと思います。それまでは「ビブリオバトル」という言葉は聞いたことのある程度でした。

　初めて全国大学ビブリオバトル京都決戦を観戦したのも 2016 年です。書店として永続的に読書推進活動に取り組んでいきたいという強い想いがありましたので、まずは全員でビブリオバトル経験してみようということになり、秋に開催する全社員会議を利用して、初めて 130 名でビブリオバトルを開催しました。5 名が 1 チーム、全部で 26 チームが本の紹介に熱戦をくり広げました。書店員がすすめる本、意外な人がコミックを紹介したり、書店員でも全く知らない本等、みなが思い思いに発表し、時間はあっという間に過ぎていきました。みんなのビブリオバトルの感想は「面白い！」でした。紹介した本の魅力はもちろんのこと、その人の意外性や趣味などを知るきっかけになりました。

　店舗でも一般のお客様を募集し、初めてビブリオバトルを開催しました。さらに、小学校での授業としてビブリオバトルを活用できないかと授業開発にも取り組み、小学校の先生たちとビブリオバトルを開催したりもしました。

　先にも述べた全国大学ビブリオバトル京都決戦で、茨城県の代表はどこが出てくるのか楽しみにしておりましたが、残念ながら出てきませんでした。ビブリオバトル普及委員会の方に聞いてみると、茨城県では大学の予選会が行われていないとのこと。であれば、自分たちでやってみようと「茨

城県ビブリオバトル実行委員会」を立ち上げ、県内の大学に「一緒にビブリオバトルをやりましょう。参加してください」と各大学をまわりました。

　声をかけた大学のなかから、2017 年には初めて 4 大学が予選会を行い、予選を勝ち抜いてきた 4 名で茨城決戦を開催、会場のオーディエンスも 100 名以上集まり、ビブリオバトルの楽しさを茨城県のみなさんに PR でき、よいスタートが切れたと思います。

茨城決戦大会

　そして初めて開催したその年は、茨城県の代表チャンプが全国決戦でも決勝戦に残る大健闘、印象に残る 1 年となりました。それ以来、毎年 10 月に各大学で予選会が行われ、いばらき読書フェスティバル期間中に茨城決戦大会を行うのが秋の恒例行事になっています。コロナ禍で入場制限を行ったりして集客には苦労しましたが、2021 年からは YouTube 生配信で全国の方にも視聴いただけたり、ウェブ投票など身近にビブリオバトルを楽しんでいただけるよう、進化し続けています。これからも茨城県からビブリオバトルの楽しさを発信し、読書推進活動に貢献していきたいと思います。　　　　　　　　　（株式会社ブックエース 代表取締役社長　奥野康作）

地域 草津市立市民交流プラザ

授賞理由● 2017年10月より、ほぼ毎日コミュニティ型のビブリオバトルを行う「まいにちビブリオバトル」を実施。メディアでも話題を集め、全国各地のバトラーが訪れる場ともなっている。「コミュニティ型開催」の可能性を広げた。

参加人数（平均値）●約3～7人（司会・オーディエンス含め）（2018年度）

開催場所●草津市立市民交流プラザ
（滋賀県草津市野路1-15-5 フェリエ南草津5F）

　2017年10月から草津市立市民交流プラザ「多目的ホール」で開催を始めました。

　「まいにちビブリオバトル」の名前は、滋賀県草津市内でビブリオバトルが毎日開催できる場があればと思い、願いをこめて名づけました。

　わたしたち「まいにちビブリオ」は

① 　ビブリオバトル公式ルールの厳守

② 　チャンプ本決定時、組織票にはしない

③ 　気軽に立ち寄り「自分の好きな本を語れる場」の提供

をモットーに活動を続けています。

　現在の活動は「まいにちビブリオバトル」の開催、草津市立図書館との共同「図書館ビブリオバトル」、草津市のイベント「みなくさまつり」でのビブリオバトル開催が主になります。

　ビブリオバトルの会場レイアウトは少人数なので車座となっています。イスを円形に並べることで初心者の方でも「自分の好きな本」を緊張せずに紹介ができるようにし、気軽に参加していただいています。

　いちばん印象に残っているビブリオバトルは2018年3月11日（日）に草津市後援のもと「第1回防災ビブリオバトル」を開催したことです。東

まいにちビブリオバトル

北の大震災から7年が経とうとし震災を風化させてはいけないと考え、テーマを「防災」とし、幅広い世代に参加していただき、バトラー6名で防災ビブリオバトルを自由に語りました。オーディエンスからの防災について質問などもあり、多くの方々に「防災」について考え、お互いに知る機会になりました。

また、いろいろなビブリオバトルの開催にあたっては「まいビブサポーターズクラブ」の有志のみなさんのおかげで各回の司会やテーマなど、運営に大きく貢献をしていただきました。

このように多くの方々のご協力のもと、全国で行われているビブリオバトルの取り組みを表彰する「Bibliobattle of the Year 2018」の大賞にも選ばれました。全国各地からビブリオバトルファンが訪れる場にもなっています。

今後も草津市民、周辺地域の方々と協力し合いビブリオバトルの普及に努めてまいります。

（程尾好貴・棟長照夫）

2018 優秀賞

趣味仲間 SF 文学振興会

授賞理由●初心者でも参加しやすい開かれたビブリオバトルを定期的に主催するとともに、遠方のビブリオバトルにも多く参加するなど、コミュニティの裾野を広げる活動を継続している。同人誌『ビブリオバトル非公式ガイドブック』を 2 冊刊行し、遊び方やビブリオバトル団体の特色などを掲載。ビブリオバトルファン必携の書となっている。

参加人数（平均値）● 11 人

開催場所●日比谷図書文化館（東京都）ほか

SF 文学振興会は、2012 年より子どもたちに SF の面白さを伝えるという想いをもって各種活動を行っている団体です。Bibliobattle of the Year 2018 優秀賞を受賞しているほか、BoY 新人賞受賞者が数名在籍しています。

わたしたちがビブリオバトルを始めたきっかけは、SF の面白さをもっと多くの人に伝えるにはビブリオバトルがよいのではないか、と考えたことからでした。「ビブリオバトルはエンターテイメント、楽しくなければ意味がない」が SF 文学振興会の考えるビブリオバトルです。そのため、参加のハードルは、できるだけ低くしたいと考えています。だから、事前申し込みは不要です。テーマ設定は基本しません。司会も当日やりたい人が立候補して担当しています。日比谷をはじめ遠征先でも、できるだけあちこちでやります。月に何度もやります。どこに住んでいても、土日休みでなくても、ビブリオバトルに興味をもったらすぐに気軽に行ける、そして本の話で盛り上がって、本を通して友だちをつくれるようになる、そんなことを考えながら活動を続けています。

ビブリオバトル後の交流を大切にしているので、観覧参加の方にも名刺がわりに本を持ってくることを強くお勧めしています。だって、その方が楽しいですから。

ちなみに、SF 文学振興会という団体名から、「SF 作品の発表が多いのか？」と思われがちですが、実はそうでもありません。むしろ SF はみなが読んでいるため、チャンプ本には選ばれにくいかもしれません。小説、漫画はもちろん、絵本や児童文学が発表されることも多く、さまざまなジャ

ンルの本が紹介されています。ビブリオ
バトルとしての限界に挑戦するように、
電子ゲーム内のテキストが本として紹介
されたこともありました。一方で、ビブ
リオバトルを通して、選んだ本を読書会
の課題本にするなど旧来のビブリオバト
ルのよさも大切にしています。

新春合宿の野外ビブリオバトルのようす

　ところで、月例のビブリオバトルが定着すると、意外な副次効果があり
ました。団体としての活動が活発化してきたのです。ビブリオバトルがあ
るので、毎月とにかく集まる理由ができました。集まれば、自然とビブリ
オバトルのあとに最近読んだ本や映画、イベントの話で盛り上がります。
そのためビブリオバトル以外の活動に関しても、その場でアイデアが生ま
れ、情報交換も盛んになりました。

　SF文学振興会では、ビブリオバトルの開催のほか、これからビブリオ
バトルの主催を始めたい方向けの講座や、関東・関西のビブリオバトル団
体などをまとめた同人誌『ビブリオバトル非公式ガイドブック』の発行な
どの活動もしています。その他、コロナ禍以前は海外を含む遠方にて現地
集合現地解散のビブリオバトルもたびたび開催していました。今までの遠
征先で一番遠いのは台湾です。そのほか、富士山の五合目やSF大会（SF
好きによるSF好きのためのイベント）でもビブリオバトルを開催しています。

　また、近年はボードゲーム会やクイズ会、読書会、餃子会なども開催
しています。オリジナルのボードゲームを作成したり、SF情報誌『SFG』
の発行もしています。気づけばSF文学振興会内に幾つものサークル内活
動が根づいていました。だれかがやりたい！と手を挙げて、賛同者がいれ
ばすぐに始められるスタイルで気軽に続けています。

　そんなわけで、現在も子どもたちにSFをすすめる活動をしながら、「SF
が好きな人が（SFだったり、あまりSFでなかったりする）話題で盛り
上がるきっかけ」として毎月さまざまな場所でビブリオバトルを開催し楽
しんでいます。ふらっと参加できるところが魅力です。SF好き、ビブリ
オバトル好きはもちろん、ボードゲームやクイズが好きな方もぜひ一度ご
参加ください。オンラインイベントもじわじわ増えています。　（岡野 海）

図書館 一宮市立中央図書館

授賞理由●「子ども読書のまち宣言」を行った愛知県一宮市において、小学生を図書館に呼び込む「子ども司書講座」、図書館職員が小学校に出向く「出張ビブリオバトル」という双方向の取り組みを行っている。公立図書館として時間と労力をかけながら地域連携のなかで子どもの読書活動を推進している。

参加人数（平均値）● 60人（子ども司書講座は毎年度 16 名限定で開催）
開催場所●一宮市立中央図書館（愛知県）

　愛知県一宮市は人口 38 万人の中核市で、繊維業が盛んなまちです。2013 年に一宮市立中央図書館が開館し、同年全国で 2 例目の「子ども読書のまち宣言」を市議会で議決しました。この頃からビブリオバトルに注目しており、文部科学省の子ども読書推進計画に取り上げられる前から、市の子ども読書活動推進計画にビブリオバトルを取り上げてきました。Bibliobattle of the Year では、特に 2 事例を取り上げていただきました。

　ひとつは、小学校 5 〜 6 年生を対象とした「子ども司書講座」内のビブリオバトルの取り組みです。子ども司書講座は、図書館について子どもたちに深く知ってもらい、読書振興のリーダーになってもらうことを目的として、約半年の期間をかけて開講します。その授業のひとつにビブリオバトルを取り上げています。

　講座は座学、実践の順で進みます。まずは全国大会のようすを動画で視聴し、ビブリオバトルの歴史や効果などを学びます。その後実際に自分たちでもビブリオバトルを行うために、発表のための準備を行います。ここではふせんを使って本の内容や自分の感想を整理し、その本でもっとも訴えたいことは何かを探る、という手法を使います。その後実際にビブリオバトルを行い、受講生のなかでチャンプ本を決定します。

　ここまで本格的に準備をしてビブリオバトルを行う機会は、ほとんどの受講生にとって初めての経験となります。この経験をさせる主目的はもちろん学んでもらうことではあるのですが、実は裏テーマとして、受講生同士仲よくなるきっかけにしてもらうというねらいもあります。一宮市は小

学校が42校あり、受講生は全市から集まるので、最初はなかなかよそよそしい雰囲気があります。ビブリオバトルは読書振興と関係構築を同時に達成できるため、大きく取り上げることになりました。結果的に、受講生たちが持ち寄るさまざまな本を通して互いの興味関心への気づきがあり、さっそく本の貸し借りをするようすもあったりと、仲よくなる効果を身をもって体験してもらう機会になっています。

　子ども司書講座の卒業生は、学んだ知識や経験を活かして市内で読書振興を担ってもらうことが期待されます。一宮市制が100周年を迎えた2021年度には、彼らを中心とした中高生図書館ボランティアグループが立ち上がりました。彼らが仲よくなるきっかけとなったビブリオバトルも用いながら、市内の読書振興を進めてもらうことが期待されます。

　もうひとつの「出張ビブリオバトル講座」は、実際に小中学校へ図書館職員が出かけて講座を行うというプッシュ型の施策です。職員による座学と、実際に代表で何人かにビブリオバトルをやってもらうという内容で行います。図書館職員が学校にやってくるというイベント性もあり、子どもたちからは大変な歓迎を受けます。こちらは市内の子どもたちのビブリオバトルの認知度を上げるという取り組みですが、実は先生たちにもビブリオバトルを知ってもらう機会にもなっており、ビブリオバトルをご存じなかった先生から「面白い取り組みをしているね」とお声がけいただくということもありました。

　2021年度策定の一宮市子ども読書活動推進計画においても、ビブリオバトルは施策のひとつとして位置づけられています。今後もビブリオバトルの効果に着目しながら読書振興に取り組んでいきます。　　　（西村飛俊）

参考：西村飛俊. 一宮市立中央図書館におけるビブリオバトルの取組. 中部図書館情報学会誌. 2019, No59, p25-30.

図書館 佐世保市立図書館

> 授賞理由● 2016 年に定期開催を始めて以来、2017 年には市内商業施設で初の出張ビブリオバトル、同年秋には市主催のイベント内で「ビブリオバトル佐世保大会」を開催するなど、積極的に館外活動も行っている。斬新な企画でビブリオバトルの普及に尽力している。
> 参加人数（平均値）● 44 人
> 開催場所●長崎県佐世保市立図書館、アルカス SASEBO、Zoom ほか

　佐世保市図書館（以下「当館」という）では、2016 年からビブリオバトルを始め、当館開館 25 周年の節目となる 2019 年に「Bibliobattle of the Year 2019」大賞を受賞しました。6 年前、当館にビブリオバトルの種まきをしてくださったのはビブリオバトル普及委員会に所属する市内大学の先生でした。「わたしは種まきをした。あとは君たち次第」と背中を押してくださったことが懐かしく思い出されます。試行錯誤で開催していくうちに参加者や外部団体とのつながりも増え、館外で"佐世保大会"を開催するなど、市内外の参加者と交流を楽しみながら活動してきました。この「（運営者も）楽しむ」は、教えを受け継いだ当時からもっとも大事にしてきたキーワードです。受賞をきっかけに県内外から多くの取材や原稿依頼などがあり反響に驚かされましたが、いち担当者として、参加者も運営者も楽しむことを大事にしてきた結果を評価していただき大変うれしく思います。

「ボウズ・ビブリオ」（2018 年 5 月開催）

　受賞を励みに次の定期開催準備を進めていた 2020 年、想像もしていなかったコロナ禍で日常が一変しました。人々の交流が一気に止まり、イベントどころか図書館の利用にも不安の声が聞こえるような状況で、直近のビブリオバトルも中止になりました。人々が本を囲み交流を楽しんだ日々が遠い昔のように感じられ、先の見えない不安に図書館として何かできることはないかと模索する日々でした。

　そんな折、仕事関係者からの情報で図書館でのオンラインイベント主催

やビブリオバトルの開催方法について、オンライン上で学ぶ勉強会の存在を知りました。システム音痴で再び試行錯誤の日々が続きましたが、機器の準備や開催方式の再検討など、仲間と必死に取り組んだ経験は、今ふり返っても貴重な経験です。

　前回中止から4カ月後にオンラインビブリオバトルを初開催。周囲からは順調に開催できたように見えたかもしれませんが、担当者は直前まで不安でいっぱいでした。外部のビブリオバトル普及委員にZoomを通じて何度も教えを請い、無事本番を迎えられた際は胸が熱くなりました。後日、参加者の声が地元新聞に掲載され、「家にこもりがちになったり、人とのコミュニケーションが減ったりしている。本を通じて見える景色をだれかと共有する場があり続けてほしい」と書かれた記事に、これまでの努力が報われた思いがしました。

　世のなかのオンライン化が一気に進み、当館でもハイブリット開催にチャレンジしましたが、言葉で言うほど容易ではありません。参加者それぞれに対するフォローや職員体制などソフト・ハードともに限界も見え始め"オンライン疲れ"が感じられるようになると、参加者からも以前を懐かしむ声や、対面ならではの楽しさを未体験の方に知ってほしいとご意見をくださる方もいらっしゃいました。感染対策を継続しながら、これからのかたちを検討する時期かもしれません。

　「1冊の本との出会いが、人の人生を変えると本気で思っている」、これは少人数で開催したオンラインビブリオバトル参加者の声です。組織として事業を行う際、参加人数などにとらわれずに開催することがむずかしい面もあります。数よりも参加者全員が「楽しむ」ことを大事にしてきたのが当館のビブリオバトルのこだわりですが、2021年度までの参加人数はのべ1000人を超えました。「人を通して本を知る、本を通して人を知る」をキーワードに広がったビブリオバトルが、人と本との予期せぬ出会い、人と人とが心を温めるきっかけになることを参加者が証明してくださったと感じています。

　公共図書館は日々世代を超え、たくさんの方が利用される場所です。ビブリオバトルなどの図書館の活動が、今後のみなさんの日常に楽しさや安心を感じられる機会になることを願っています。　　　　　　（田中裕子）

2019 優秀賞

店舗 **オトナのビブリオバトル in DANDELION**

> 授賞理由●埼玉県戸田市のカレー店「ダンデライオン」にて、ビブリオバトルを定
> 例開催している。「ビブリオバトル」と「飲み」を組み合わせ、大人の
> 出会いの場を提供している。
> 参加人数（平均値）● 12 〜 3 人
> 開催場所●ダンデライオン（埼玉県戸田市本町 1-11-11）

ビブリオバトルの定期開催の経緯　〜あるカレー屋店主の場合〜

　まず、今まで参加してくださった方々のおかげで、わたしの店において
の月イチ定例会であった「オトナのビブリオバトル」は約３年もの間、継
続することができました。残念ながら、COVID-19 の流行により活動は打
ち切りとなり、現在もさまざまな理由で再開は未定となっています。しか
し、３年という、ある程度の期間を継続することができ、賞までいただい
たということで、このコンテンツの魅力を改めて考えていきたいと思います。

　わたしの場合、参加者というより主催者側の目線での考えになってしま
いますが、初めてビブリオバトルの存在を聞き、試しに知人らと店でやっ
てみたところ、わたしはこのビブリオバトルにコミニュケーションツール
としての魅力を感じました。ビブリオバトルというものを教えてくれたの
は、近隣の図書館のある職員の方だったのですが、その方が言うには「ビ
ブリオバトル」とは本を知るだけではなく、その本を紹介してくれる人の
人柄も伝わってくるものだいうことでした。「本を通して人を知る」、まさ
にその通りだと思いました。

　個人的に感じたことは、仕事以外の場で人前で話をする、しかも制限時
間いっぱいまでという縛りがあるなかでやるということはなかなかないも
のだなと、なにやら教室で学生がやるようなことを大人たちが真面目に、
そして楽しみながらやるという光景はわたしにとってはとても新鮮に映り
ました。このとき、わたしはこのイベントに大きな可能性を感じました。
そこで、わたしはこのイベントを定期的に続けていきたいと思い、そのた
めにはこれにほかの要素を掛け合わせ、より魅力的な「オトナの遊び」に

昇華させる必要があると考えたのです。

　まず、飲食店を営んでいるわたしとしては当然ではありますが、料理を食べ、ビールなどを飲みながら参加者のみなさんに楽しんでもらおうと考えました。お酒の好き嫌いはあるとは思いますが、参加者の方も肩の力が抜けリラックスでき、初対面同士でも比較的、場が和みやすいのではないかと。いわゆる「飲み会」の要素をプラスしたわけです。

　次に考えたのが、この「ビブリオバトル」というゲームのブラッシュアップ化です。わたしの店の場合、会場となる場所が10坪ほどの大きさで小規模なイベントになるので参考になるかわかりませんが、小道具をいろいろ用意しました。これはこのイベントの非日常感の演出と、バトラー以外の方も一緒に参加しているという実感をもってもらうという効果を狙ったものです。

　具体的なモノでいうと、まず、バトラーの雰囲気をあげるために小洒落たスタンドマイク、いわゆる「ガイコツマイク」を用意しました。電源はいれないので見た目だけですが、まるで

ガイコツマイク

ジャズシンガーがこれから歌を披露するかのように、バトラーはこのマイクの前に立ち、本の紹介を始めます。

　さらに、ある参加者のご好意でオリジナルデザインのバッヂを用意でき

バッヂ

ました。これは、その日のバトラーという証としてバトルの前につけてもらいます。これを胸につけることによってバトラーの方は「選ばれし者」として身が引き締まる思いだったことでしょう。

　チャンプ本を決める際は、挙手ではなく投票形式にしました。小さな小箱で投票箱をつくり、全員に紙と鉛筆を渡し、「清き1票」を投票してもらいます。票の内訳は公表せず、チャンプ本を発表します。結果はわたしのみが知ることとなり、敗れたバトラー

の方はさぞ、モヤモヤしていたことでしょう。

　発表の瞬間は、スピーカーからドラムロールを流し、少しばかりのドキドキ感を演出します。チャンプ本に選ばれたあかつきには、表彰式で聞かれる得賞歌が流れるなか、イベント主催者のわたしからおもちゃの王冠とトロフィーが贈られ、記念撮影となります。10坪という小さな空間での大きな温かい拍手のなか、チャンプ本に輝いた方は達成感に満ち溢れていました。大人の方がおもちゃの王冠をつけトロフィーを掲げている姿は、とてもチャーミングで、まさに非日常感たっぷりの光景です。トロフィーには、毎回ペナントつけていて、そこにはチャンプ本選ばれた方の名前と一言コメントを書いてもらっていました。月イチ開催で約3年という期間で、ペナントは30本以上になっています。

　さらに、わたしがイベント報告として、このようすを専用のホームページに記し、カタチに残していったことで、このイベントはより濃いものとなっていきました。

　このように、わたしの店では、よりイベント色の強い「オトナのビブリオバトル」として、一定の成果が出たのではないかと思っております。

（ダンデライオン店主　遠藤泰宏）

column コラム

運営がスマートに!?

あると役立つビブリオバトル・アイテム ①

ビブリオバトルは、お気に入りの本と時間が計れるスマートフォンやタイマーさえあれば、いつでも遊べるゲームです。でも、進行をスムーズに行ったり、イベントの雰囲気をより盛り上げたりするため、各地でさまざまなアイテムが導入（発明!?）されています。ここでは、イベントをワンランクアップさせる、ビブリオバトル・アイテムをいくつかご紹介します。

■ディスプレイ／スクリーン

ビブリオバトルでは、タイマーを全員が見えるように置くことで、制限時間の存在がより強く感じられ、雰囲気が盛り上がりやすくなります。スマートフォンやノートPCの画面でも十分な場合もありますが、会場が広かったり参加人数が多い場合、タイマーを大きなディスプレイやスクリーンに映し出すと、進行がスムーズになります。ルール説明をするのにも便利ですよ！

■くじ

発表順を決めるときに使います。発表順はじゃんけんなど公平な方法であればどのように決めても構いませんが、くじがあると一斉に開くときの緊張感を会場全体で味わえ、順番決め自体を一つのミニイベントにすることができます。特徴的なくじ

を使うと、主催者の特色を表現することもできますね（→ p.31「ビブリ棒」など）。リモートで開催する場合、「順番決め .com（https://xn--ebku91pdvftn1b.com/）」など、ランダムに順番を決めてくれるウェブサービスを使うのもおすすめです。

■マイク・スピーカー

ビブリオバトルは声で本の紹介をするゲームなので、全参加者に声が届く環境を整えるのはとても大切です。少人数のイベントであっても、特にビブリオバトル経験が多くない方がバトラーになる場合、緊張で声が小さくなっても聞き手に伝わりやすくしてくれるのでマイク・スピーカーは重宝します。使用する施設によっては借りられる場合もあるので事前に確認してみましょう。また、参加者の一部がリモートで参加する場合（p.17 ハイブリッドタイプ）、使用する PC やタブレットによっては携帯用スピーカーにつながないと十分な音量を得られないものもあります。参加者の声がきちんと聞こえるかどうかはイベントの満足感に直結するので、なるべくリハーサルをしてクリアしておきたいポイントです。

（益井博史）

塩田西小学校 ビブリオバトルクラブ

学校

2019 優秀賞

> 授賞理由●長野県上田市立塩田西小学校では、2015年より図書館で毎月ビブリオ
> バトルを実施している。参加者は児童だけでなく、教職員や地域の書店
> 員を含み、世代を超えたコミュニケーションの場となっている。2019
> 年には児童の要望により、ビブリオバトルクラブが発足し、学校の裏山
> や中庭でビブリオバトルを行うなど、独自の工夫を行っている。新聞や
> 地域のTVニュースなど地元のメディアにも取り上げられ、学校関係内
> 外の関心を集めている。児童の自主性と、それを支える職員のサポート
> 体制が高く評価された。
>
> 参加人数●8人（4年生～6年生）　2人（学校司書・担当教諭）
> 開催場所●学校敷地内ならどこでも！

　学校司書と有志の児童たちによって、2015年より図書館イベントとして月に一度のミニ・ビブリオバトルがスタートしました。参加者は児童だけでなく、教職員や地域の書店員を含み、図書館は世代を超えた本のコミュニケーションの場になっていきました。

Bibliobattle of the Year 2019 優秀賞受賞

　しかし、休み時間内（20分）にゲームをするのはむずかしく、いつも慌ただしく終わってしまうという課題がありました。そんななか、「休み時間では時間が足りない。もっとじっくりビブリオバトルをやりたい」「ミニ・ビブリオバトル（3分）ではなくて、ビブリオバトル（5分）をやってみたい！」、そのような声が児童たちから挙がり、2019年度に念願の「ビブリオバトルクラブ」が発足しました。今まで行っていた休み時間とはちがい、クラブの時間に思う存分ビブリオバトルを楽しむことができ、図書館や教室、屋外など学校を自由に使った会場選びが魅力です。「読書は図書館で」というイメージを飛び越え、学校のいたるところで本を楽しむ姿

がとてもすてきです。本の選書や紹介を通して自分を語り、友だちの紹介から友だちのよさを感じていくことで、回数を重ねるごとにあたたかなクラブへと育っていきました。

なかには読書や発表が苦手という児童もビブリオバトルクラブを希望しており、クラブメンバーでつくるビブリオバトルの魅力やクラブ活動ならではの楽しさを感じます。本の紹介の楽しさはもちろんですが、次第にディスカッションの時間が好きだという児童が増えていきます。自分の好きな本や友だちの好きな本についてじっくりと熱く語り合う楽しさを感じながら、「本が好き」という気持ちを児童たちの力によって大きく膨らませていきました。楽しく自由に語れる場を自分たちの手でつくり、学校のだれよりも本の楽しさについて熱く語る塩田西小学校ビブリオバトルクラブのつくるビブリオバトルはオリジナルの楽しさがあります。

●外でビブリオバトルをやってみたい！

学校の隣にある学校林「ゆめの森」を会場に、レジャーシートを広げてにぎやかにのびのびと開催しました。屋外でのビブリオバトルということで、本の紹介には段ボールや草花を用いた児童らしい創意工夫がちりばめられており、声もいつも以上に大きくなっていきます。一緒に行きたい人を募り、観覧者とともにわくわくしたビブリオバトルを味わいました。

●楽しくなければ図書館じゃない

クラブの最終回は「やっぱり図書館が好き！」と、図書館で開催をしました。いつもは静かな図書館ですが、ビブリオバトルの時間には図書館に児童の声が溢れます。ひとりでする読書の楽しさとはちがった、「友だちと読書をする楽しさ」「本を語り合う楽しさ」、たくさんのいろんなかたちの「楽しい」に溢れます。にぎやかなだけではない、その裏面に隠されたそれぞれの「楽しい」を学校図書館で、ビブリオバトルを通して、自分自身でつくることができたのかもしれません。見つけることができたのかもしれません。そんな子どもたちの「楽しい」は、クラブ活動が終了してもつながり続けていきます。わたしたちはそんな隠された学校の、図書館の「楽しい」を探し続けます。

（磯谷梨紗）

2019 特別賞 学び方改革賞

企業 株式会社 NTT データ 社会基盤ソリューション 事業本部 デジタルコミュニティ事業部

> 授賞理由●株式会社 NTT データ 社会基盤ソリューション事業本部 デジタルコミュニティ事業部内の公共系プロジェクトチームで、2017 年 11 月よりビブリオバトルを定期的に開催。知の交流と社内コミュニケーションの活性化に役立てている。
>
> 参加人数（平均値）：25 人
> 開催場所●社内のオープンスペース

　「ビブリオバトルって何？　美味しいの？」というのがメンバーの第一印象でした。当社は、システム開発や運用などを行う IT 企業で、わたしがプロジェクトに参画したのは 2017 年の春でした。当時の上司から、"学び"という視点で何か新たな取り組みができないかとの宿題をもらい、「本を通して人を知る。人を通して本を知る」という視点がとても有効で、「知の交流」の場として「ビブリオバトル」がよいのではないかと思い、プロジェクト内で始めてみることにしました。

　実施にあたってはビブリオバトルの公式ルールに準拠しましたが、それを会社という組織で行うために、運用面で少し工夫をしています。まず重要なのはメンバー全員に "①主旨を理解してもらう" こと。です。幸い、冒頭の反応のあと、メンバーから面白そうという声を得ることができ、強制ではない全員参加による土壌をつくることができました。次に、「いつやるの？」は、原則、"②毎月最低 1 回の開催"。「どこで？」は、仕事の延長線上の雰囲気になってしまうと思ったため、会議室は使わず、休憩等で使用する "③オープンスペースで開催" にしました。「だれが？」は、プロジェクトメンバー 25 人に対して、毎回 "④バトラーは 5 名"、これは、どの回でバトラーになりたいか、予め希望を聞いていました。そして、"⑤チャンプ本はプロジェクトとして同じ本を購入" し、職場の書棚において貸し出しできるようにしました。また、コミュニケーションをさらに活性化させるため、質疑の時間だけでは聞き足りない、バトラーも話し足りないという人のために、会社の外に出て "⑥延長戦を開催"。早い話が飲み会です（笑）。"⑦年間で各回チャンプによる頂上決戦"。残り 2 つは会社

ならではかもしれませんが、社内での上司・部下、先輩・後輩、同じチームなどの忖度する関係なくフラットな状態をつくることがポイントになるので、チャンプ本決めは挙手制ではなく、"⑧投票用紙制" にしました。そして、一体感の醸成という意味では、上司が腕を組んで聞いているだけではなく、まずは "⑨管理職から率先してバトラーに挑戦" しました。

　実際に始めてみると、紹介される本は、ビジネス書やIT関連の本に留まらず、ライトノベルやエッセイなど、メンバーの紹介する本を通じて、以外な一面にふれることができています。

　そして、仕事の面でも変化が起こりました。「ビブリオバトル」を通じて自分の考えや意見を主張する機会を得ることになるため、発表者の隠れた人となりや個性、知識、背景に関する相互理解が深まったことは言うまでもないのですが、「ビブリオバトル」は自分の感想だけでは響かず、本の魅力をいかに伝えるかが重要で、聴衆の気持ちになって考え、伝えることがポイントになります。これは、我々の仕事にも通じる話で、顧客のニーズに則したシステム開発や運用を行うことが使命であることから、顧客が本当にほしいもの、知りたいことは何かを意識した顧客とのコミュニケーション能力の向上にも寄与しました。また、5分という限られた時間を意識して、端的にポイントを絞って説明する訓練にもなるため、会議時間の短縮といったタイムマネジメントやプレゼンテーション能力の向上といった万般のスキルの底上げにも貢献することができました。

　その他、副次効果としては、メンバーが社内の同僚に「ビブリオバトル」のことを話すと興味をもってくれ、見学にくるといった社内の横のつながりができましたし、プロジェクトメンバーのお子さんが学校で「ビブリオバトル」をやることになり、お子さんの練習につき合うなど家族間のコミュニケーション活性化にも役立つことができました。

（松波慎朗）

ビブリオバトル開催風景

図書館

行橋市図書館
（ゆくはしし）

> 授賞理由●プログラミングした人型ロボットを介しておすすめの本を紹介する、小学生対象の「人型ロボットのプログラミング教室＆ AI-mini ビブリオバトル‼」を主催。ビブリオバトルをロボットやプログラミング教育に関連させ、新たな活用の可能性を示した。
> 参加人数（平均値）●小学生の親子 8 組
> 開催場所●行橋市図書館（福岡県）

「簡単なプログラム言語で、歩いたり踊ったり話したりできるロボットがあるんですよ」

「へえ。入力は子どもでもできるの？」

図書館システムを管理するシステムエンジニア（以下、SE）さんとのこんな雑談から、この変な企画は始まりました。

「話せるんだったらロボットのビブリオバトルができるじゃん」

子どもたちの入力した「おすすめの言葉」を身ぶり手ぶりでロボットが紹介したら面白いなぁ、と思いは膨らみました。

早速、小学生の親子 8 組くらいで仮の企画書を作成し、問題点を考えました。すると、自由に使えるパソコンなんて 8 台もない、短い時間で、SE さん 1 人で子どもたちにプログラミングを教えるのは無理など、いくつか課題が出てきました。問題が見えてきたところで、いよいよ実現に向けて動き始めました。

パソコンは、趣旨を説明したらほかの部署からまとめて提供していただけることになりました。プログラミングの補助は、職員の個人的ネットワークで隣町のコンピュータに詳しい大学の先生とその生徒さん 5 人が快く引き受けてくれました。ロボットは当時、小型の車が 1 台買えるくらいの貴重なものでしたが、SE さんの会社からお借りできました。

ところで、そのロボットを動かしてみると、ここでもまた問題が発生しました。テーブルのようなツルツルした表面だと足がすべり、しかも左右の微妙な摩擦のちがいでロボットが思うように歩いてくれません。

また遅まきながら、言語ソフトを搭載した主パソコンと参加者用の 8 台

のパソコンをつなぐには、ルーターとたくさんの LAN ケーブルが必要になることにも気づきましたが、そこは大学の先生のおかげで解決できました。

いよいよ当日を迎え、朝早くからみんなで準備を進めました。足底に工夫をしたロボットやパソコン 8 台の配線や動作の確認、また事前に用意した職員力作の舞台の設定やタイマーの設置場所など、あわただしくも準備は予定通りに終えました。

子どもたちのプログラミングで
動いて話したヒューマノイド
ロボット Nao（ナオ）

会場には地元のテレビ局や新聞社も取材に来ていただき、にぎやかで楽しい雰囲気のなか、予定通りの時間で無事終了しました。子どもたちも、自分がプログラム入力したロボットが「おすすめの言葉」を身ぶり手ぶりでしゃべりだすと、少し心配そうにしながらも、満足した表情で見つめていました。

「人を通して本を知る。本を通して人を知る」というビブリオバトルの趣旨からは少し横道にそれた企画でしたが、人前で話すことが苦手な人にはこんな手もあるぞ、というような可能性を少しだけ実現できたかもしれません。

受賞が決まったときは、その寛容さに感謝するとともに、励ましをいただいたようで、関係者みんなで喜びました。願わくは、小学校でのプログラミング教育が必修化した今、このようなロボットのビブリオバトルが学校の教室のあちこちで行われるようになってほしいものです。楽しみながら、本も読み、「おすすめの言葉」も伝えてくれるような気がします。

（酒井幸典）

地域 峯苫幸多 (みねとまこうた)

> 授賞理由●東京での大学在学中にビブリオバトルを始め、都内のさまざまな場所で
> バトラーとして参加し、若手ビブリオバトラーの交流の機会をつくった。
> 東京から鹿児島へ転居後も、さまざまなビブリオバトルを開催し、司会
> もこなす大車輪の活躍を見せている。
> 参加人数（平均値）● 10 人
> 開催場所●図書館や文学館・公民館、喫茶店、居酒屋、
> 　　　　　屋外（キャンプ場・サバイバルゲーム会場）

ビブリオバトルを不毛の地で始めてみる

　当時（2019 年ごろ）、地元で定期的にビブリオバトルを開催する図書館や書店、学校やサークル等の団体がありませんでした。「鹿児島でビブリオバトルをする男」を名乗り、趣味として 1 人で休日に細々と開催を続けています。

わたしのビブリオバトルの特徴

その 1 ●公式ルールの説明に全力を捧げる

　たった 4 つのルール説明ですが、その日のビブリオバトルの楽しさを決める一番の要因になると思います。時間の設定や使い方、本の選び方、チャンプ本を決める理由などを書籍や普及委員会のホームページなどで事前に予習して、自分の言葉に落とし込んでおくといいと思います。

　個人的に「発表者が主役のプレゼンバトルではありません」「みんなで本と人の魅力を引き出すゲームです」「発表を聞きながら笑ったり、うなずいたり、質問も積極的にしてみてください」「本や人に順位づけする遊びではないです」「ゲーム後にチャンプ本以外の『my 推し本』と出会えたらぜひそのバトラーに伝えてあげてください」などをていねいに伝えるようにしています。

その 2 ●よい質問で賞をつくる

　公式ルールにはありませんが、場が盛り上がりバトラーの言葉を引き出す質問を「よい質問で賞」として発表・表彰をしています。「質問がしやすい雰囲気」が確実にできるので、質問が出ないことにお悩みの人はぜひ取り入れてみてください。

その3 ●おしゃべり時間をつくる

　ゲーム終了後に本を囲みながらおしゃべりする時間を取れるように、会全体の時間を考えています。このおしゃべり時間で参加者同士に仲よくなってもらい、次回の開催場所やテーマ案を募ります。

その4 ●開催場所やテーマは「参加者」から募る

　初参加者にたくさん出会えるよう、いろいろな場所で開催しています。また少しでも前のめりに参加してもらえればと、テーマも参加者から募るようにしています。

　一例だとサバイバルゲーム会場で実際に戦ったあとに、テーマ「戦い」でゲームを行う「サバビブ」や、焚き火を囲いながら行う「焚きビブ」、熊本や長崎との「オンライン交流戦」、地元の武家屋敷や公園で花見をしながら開催しました。またオンライン開催では「アイドル」や「甘い」など、多少とがったテーマでも人が集まります。どれも自分では行かない場所・思いつかないテーマなので、自身が楽しむために積極的に意見を取り入れています。

その5 ●初めての・世界一ハードルの低い・体験会

　どれも開催する際にタイトルにしたものです。「ビブリオバトルを見てみたいけれど、実際に参加するのは少しこわい」という方は意外と多いので、告知の段階から「簡単に参加できますよ」とアピールしています。また必ず「好きな1冊をお持ちください」と参加者に伝えておき、後半は希望者を募り、ミニ・ビブリオバトルを開催できるようにしています。

その6 ●ほかのビブリオバトルにも参加してみる

　地域やオンラインでのビブリオバトルには積極的に参加するようにしています。自分のやり方に固執せず、よさそうな方法・楽に運営できそうな方法があれば、どんどん取り入れるようにしましょう。また運営のお手伝いやバトラーの紹介も積極的に行うようにしています。

その7 ●野望を語る

　「地域で開催されるビブリオバトルにふらっと参加するおじさんになりたいので、みなさんもどんどん主催してみてください。全力でお手伝いします‼」と参加者に伝えるようにしています。地域で自分以外の主催者が出やすい環境をつくるように心掛け、少しずつ成果が出てきたように思います。　（峯苫幸多）

大学 阪大ビブリオバトル

> 授賞理由● 2017 年に発足した大阪大学のビブリオバトルサークル。大学内でビブリオバトルを定期開催し、全国大学ビブリオバトルの予選会も主催。また、関西圏外でのビブリオバトルにも積極的に参加し、全国のコミュニティをつなぐ役割を果たしている。
> 参加人数（平均値）● 10 人
> 開催場所●大阪大学ほか

阪大ビブリオバトル　ロゴ→

　阪大ビブリオバトルはその名の通り、大阪大学のビブリオバトルサークルでした。なぜ過去形なのかというと、現在は大阪大学の学生だけに限らず、東北から九州まで、たくさんの大学の学生が参加しているためです。ここでは、サークル設立から Bibliobattle of the Year 受賞、そして現在に至る経緯と、今の取り組みを簡単に記します。

　大阪大学では毎年、一般教養の授業として、「基礎セミナー」という授業が開催されていました。基礎セミナーは、文系理系の枠にとらわれず、幅広い学問に触れるための授業です（現在は「学問への扉」という名称に変更）。その基礎セミナーで毎年、「ビブリオバトル入門」という授業が開講されています。例年はビブリオバトル初心者が多く集まるこの授業ですが、なぜか 2017 年度の授業には全国大会や関西大会、大阪府大会出場者などの強豪が勢ぞろいしていました。大学の授業は基本的に半期で終わってしまうものですが、せっかく強豪が集まったのだから、授業終了後も自主的にビブリオバトルを続けようということで、2017 年夏ごろに結成されたのが阪大ビブリオバトルです。

　当初は、メンバーも阪大の 2 年生ばかりで、開催場所も学内に限定されていました。しかし、徐々に Twitter などの SNS で他のビブリオバトル開催団体とつながりができ始め、阪大の近隣で開催されている茨木ビブリオバトルさんのビブリオバトルにバトラーとして参戦したり、その逆に、大学祭で開催するビブリオバトルに、他団体からの参加者がバトラーとして参戦したりするようになりました。

　そして 2018 年夏、かねてより Twitter でつながりのあった、大分県佐

伯市で開催されているビブリオバトルに、夏合宿と称して参加することとなりました。この合宿は、大阪からフェリーで別府入りし、その後佐伯でビブリオバトルをして、そこで一泊してからフェリーや高速バスで大阪に帰るというものでした。フェリーの船内はもちろんのこと、宿ではオールナイトでビブリオバトルを行いました。

　このような活動が評価され、Bibliobattle of the Year を受賞しました。その後も、2019年春には東京で、2019年夏には別府でと、ビブリオ合宿は計3回行われました。2019年春の合宿では、東京の高校からお呼びいただき、ビブリオバトルの出前授業も行いました。阪大ビブリオバトルは大学生のサークルということもあり、高校とのつながりが強かったため、先述の東京の高校以外にも、奈良県や和歌山県、兵庫県の高校でも、ビブリオバトルの出前授業を行っています。そうした出前授業の中で、大阪大学以外の大学を志望しているけれども阪大ビブリオバトルに入りたい、という生徒たちと出会いました。基本的に来るもの拒まずというのが阪大ビブリオバトルの方針なので、こういった人たちを受けいれている間に、気がつけばインカレサークル（複数の大学の学生で構成されているサークル）になりました。2020年春頃にはCOVID-19の流行もありましたが、大学生は授業がオンライン開講となったことで、早くからオンライン（Zoom）という環境に対応することができていました。インカレサークル化していたということもあり、阪大ビブリオバトルも活動をオンラインに切り替えて対応し、緊急事態宣言で外出できない大学生たちの憩いの場となっていました。

　阪大ビブリオバトルは、設立初年度の2017年度から毎年全国大学ビブリオバトルの地区予選を（年度によっては地区決戦も）開催し、毎年全国大会にメンバーを送り込んでいました。そして、コロナ禍でオンライン開催となってしまった2020年度の全国大学ビブリオバトルでは、ついにメンバーがグランドチャンプ本を獲得、翌年の2021年大会でも別のメンバーがグランドチャンプ本を獲得しています。さらには、2023年の生駒ビブリオバトル倶楽部（p.77）が開催する全国大会でもメンバーがチャンプ本を獲得するなど、近年は大規模な大会でも実績をあげるような団体となっています。そして、全国大学ビブリオバトル連覇を記念して作成した部誌

第1号は初版 100 部が完売し、2023 年 3 月現在、増刷を検討中です。

全国大会でも多くの実績をあげているメンバーを抱える阪大ビブリオバトルですが、サークル内で開催するビブリオバトルは、非常にのんびりとしたものです。コロナ禍以降はオンライン開催が主となっているため、全国各地から参加者が集っています。全国大会で優勝するメンバーがいる以上、勝ちを狙う人もいますが、それだけではなく、純粋に好きなものについて

部誌第 1 号『阪大ビブリオ』

話したい人、暇だから何となくで参加する人、さまざまな人が参加しやすく、それでいて楽しい時間をすごすことができる場を目指した運営を行っています。

紹介される本はいつもバリエーションに富んでおり、小説に限らず、辞書や写真集、さらには秘蔵の CD を紹介する人までいます。これは運営する側からの視点でもありますが、参加者が頑張って準備して参加しなければならないビブリオバトルの場合、たいていは途中で息切れしてしまって長く続かなくなってしまいます。紹介したいものがあったときに、いつでもふらりと気軽に参加することができるような、〝レベルは高く意識は低く〟、それが阪大ビブリオバトルが目指しているビブリオバトルのあり方です。ある意味では、そのような一癖も二癖もあるようなメンバーのなかで勝ち上がっていくのですから、それは全国大会でも優勝できよう、といったところです。楽しく活動していたら、いつの間にか強くなってしまったようなパターンです。

現在では、設立当時、そして Bibliobattle of the Year 受賞当時のメンバーはほとんど残っていませんが、「阪大から飛び出し活動していた」頃の気持ちは忘れず、オンライン開催のために全国のビブリオバトルに参加したい大学生の受け皿となることができるような、それでいて、全国大会優勝を目指すことができるようなレベルの高いビブリオバトルを開催しているのが阪大ビブリオバトルという団体です。

（今坂朋彦・大西美優）

その他 NBC ラジオ
ラジオ DE ビブリオバトル

授賞理由● 2019 年 10 月より、「長崎県をビブリオバトルの強豪県に！」を合言葉に、毎週ビブリオバトルの番組を配信、またビブリオバトルに関連する草の根レベルの多様な取り組みを、地道にかつ定期的に開催・発信している。

　「ビブリオバトルをラジオで放送したら面白いと思うんですよね」。2019 年春、当時 NBC ラジオに所属していたわたしが長崎県高等学校文化連盟図書専門部委員長（当時）の中島寛先生に相談した一言から、日本初のビブリオバトル専門番組である NBC ラジオ「ラジオ DE ビブリオバトル」が生まれました。編成から与えられた放送尺は 10 分間（現在 15 分間）。この放送尺では、開催されたビブリオバトルの内容全てを一度の番組に入れ込むことは不可能。検討を重ねた結果、録音したビブリオバトルを一回の放送で一人ずつ紹介する形式で、発表者のプレゼンテーションとその方のリクエスト曲をかけるという形式にしました。ビブリオバトル普及委員会の思い描くレギュレーションとは異なるものでしたが、「この番組は、ビブリオバトルへの入り口的な入門番組にしたい」と説明し、ご了承をいただきました。

　2019 年 10 月にスタートした当番組は、2020 年 4 月には放送尺を 10 分から 15 分に拡大。そして 2021 年 10 月には、当番組が主催した第一回長崎県ビブリオバトル研修会に参加し、その後番組常連となる本田美織と寶子山海（当時高校生）を番組 MC に抜擢しました。これまで番組で紹介したバトラーと本は 130 以上。番組の放送開始後、コロナ禍でビブリオバトルを開催できないことから生まれたオンラインによるビブリオバトルの開催にも取り組み、長崎県内だけでなく全国各地のバトラーとの出逢いもありました。わたしやディレクターにとってもこの番組は新たな人物、新たな本を知るツールとなっています。

　「人は出逢いによって人生が劇的に変わる」。わたしの師と仰ぐ方の言葉ですが、この出逢いとは人との出逢いだけでなく、本との出逢いでもあります。この番組で放送したビブリオバトルを通して、人生を変えるきっかけになる出逢いがあれば望外の喜びです。

（永石　剛）

趣味仲間 ツアービブリオ

> 授賞理由●「社会科見学×ビブリオバトル」をコンセプトに2017年度に発足して以来、さまざまな施設・団体とコラボした取り組みを継続。コロナ禍で社会科見学がむずかしい状況になってからも積極的にオンライン開催を行い、ビブリオバトルの可能性を模索し続けている。
> 参加人数（平均値）● 6〜10人
> 開催場所● JUKIショールーム、川島紙器工芸ほか多数
> 　　　　　（オンラインもあり、開催回数は2023年7月現在で43回）

　ツアービブリオは、元々いちバトラーとしてビブリオバトルに親しんでいたわたしたち主宰陣が、「会える人・本のジャンルを広げたい」「観覧者とも仲よくなりたい」といったビブリオバトルによる出会いのさらなる創出を目指して発足しました。当時は地域に根づいた団体が多数派で、各バトラーはそれぞれの地域に足を運ぶスタイルが主流であったので、団体自身がさまざまな地域にお邪魔できるように「社会科見学」との組み合わせを構想しました。

　発足当初は、ビール工場や美術館など、団体での申し込みでないと入場できなかったり、団体割引が適用されたりするような見学場所を中心に巡り、見学場所に関連するテーマでビブリオバトルを開催。ビブリオバトルを知らない方も見学先をフックに申し込みをいただき、また大人数ではないことで発表として参加いただけることも多かったため、当初目指していた「会える人・本のジャンルを広げる」ことは早期に達成できました。

　また、体験学習を通して交流が深まり、見学によって同じ知識を全員が共有した状態でビブリオバトルを開催することで、その場にいないと聞

2018年1月第2回開催「味の素KK川崎工場」にて

けないオリジナリティーの高い発表が多く生まれました。

　やがて開催報告をSNS等で発信していくうちに、参加者からの紹介や問い合わせでビブリオバトルを開催したい施設や団体から共催のお誘いをいただくようになりました。元々は主宰が足を運びやすい関東圏を中心に企画していましたが、COVID-19感染症流行前は、東は青森県、西は山口県まで遠征し、一泊二日の本格ツアーも敢行。参加者全員で旅を楽しむだけでなく、現地のバトラーとも交流して全国規模でのつながりを深めました。また、他団体・見学先のコラボだけではなく常連メンバー個人の持ち込み企画をツアービブリオの座組で実現する流れもできています。

　代表的な企画は、2019年8月に登山が趣味の常連バトラーが提案してくれた、フィールドワークと称して富士登山による山頂でのビブリオバトル（テーマ：日本一）です。主宰陣は登山初心者で、富士山へ行くのは初の試みでしたが、登山経験者の多大なるサポートのおかげで登頂に成功。運営側がこれまで思いもつかなかった分野の体験をすることができ、「社会科見学×ビブリオバトル」の可能性を改めて感じることができました。

　2020年以降のコラボでは、オンラインで現地の映像を流していただき、テーマバトルを実施。参加者はこれまで関東圏の同行者と現地メンバーでしたが、全国から参加者が集い、現地メンバーと交流を図るスタイルになり、より一層多くの人と本の出会いが生まれました。最近では規制緩和にともない、感染防止対策を行った上でオフライン企画も復活させています。直近40回目の開催では、東京競馬場にてレース観戦をしながら内馬場の芝生で円を囲み、アツいビブリオバトルをくり広げました。

　今後も多くの方と共催しながら、まだ行けていない、体験できていない分野で新しい知識を吸収し、人と本が出会う多くの相乗効果を楽しんで企画していきたいです。

　　　　　　　（榎村真由）

2019年6月第18回開催「川崎紙器工芸」にて

学校 大阪府教育委員会

> 授賞理由●中高生が読書への興味・関心を高めるきっかけづくりのため、2015 年より 2019 年まで毎年大阪府中高生ビブリオバトル大会を開催。大阪府内の教育現場へのビブリオバトル普及を通じ、中高生はもちろん、その保護者、学校教員、図書館などを巻き込み、読書文化の醸成に長期的に貢献している。
>
> 参加人数（平均値）●約 240 人
>
> 開催場所●大阪府内のホール・会議室等

大阪府では、「大阪府子ども読書活動推進計画」（平成 15 年度策定）に基づき、子どもが読書への興味・関心を高め、自ら楽しみながら読書活動を行うことができる環境整備を進めていますが、子どもの読書離れは大きな課題です。平成 27 年度当時、部活動や勉強などで忙しく、読書から遠ざかりがちになってしまう中高生に対して、何か「本を読みたい！」と感じるきっかけづくりができないかということを検討した結果、ゲーム感覚で取り組めるビブリオバトルを実施することとなりました。

その後、令和元年度の第 5 回大会までは毎年開催し、大会に参加してくれる生徒も年々増加していましたが、残念ながら、COVID-19 感染症の影響により、令和 2 年度の大会は中止となりました。令和 3 年度の第 6 回大会は、感染症対策を講じながらの開催となり、中学生大会は 20 人、高校生大会は 18 人の生徒がバトラーとして参加し、おすすめの本を紹介しました。

大会終了後は、会場に生徒が残って、本の魅力や感想を楽しそうに語り合っている場面もあり、生徒たちの「本が好き」という気持ちが最後まで伝わってくるイベントとなっています。大会の参加者へのアンケートの回答でも、紹介された本を読みたくなった、大勢の人の前で、自分の好きな本を発表するという貴重な経験ができた等の感想が寄せられました。

また、こうした活動の下地づくりとして、学校教職員や図書館司書などを対象にビブリオバトル研修を開催し、事例報告やビブリオバトルに関する講演・ワークショップを行っており、その成果として、府内でもビブリ

オバトルを実施する学校が増えてきております。過去の開催内容は次表の通りです。

年　度	内　容	参加者数
平成27年度	講演、事例報告、ワークショップ ※地区別研修として、府内4市で開催	276人
平成28年度	講演、事例報告、ワークショップ ※地区別研修として、府内4市で開催	217人
平成29年度	講演、事例報告、ワークショップ ※地区別研修として、府内2市で開催	162人
平成30年度	講演、事例報告、ワークショップ ※地区別研修として、府内2市で開催	149人
令和元年度	講演、事例報告、ワークショップ（入門編） グループディスカッション（実践編） ※入門編、実践編の2回開催	153人
令和3年度	講演、事例報告、講師との質疑・応答	87人
令和4年度	講演、事例報告、ワークショップ	121人

中高生ビブリオバトル大会のようす

ビブリオバトル研修のようす

　大阪府におけるビブリオバトルの取り組みは、以下のホームページにもまとめております。

https://www.pref.osaka.lg.jp/chikikyoiku/bibliobattle/index.html

　今後も、読書の魅力を伝えるビブリオバトルの普及に取り組んでまいります。
（坪倉宇杏）

その他 **カモシダせぶん**

授賞理由●芸人として活動しながら、書店にも勤務している「現役書店員芸人」として、芸人によるビブリオバトルのライブ「読者たちの集い」を劇場と共同で 2022 年 7 月まで毎月開催。2019 年度からは全国大学ビブリオバトル首都決戦本戦や、全国高等学校ビブリオバトル決勝大会の司会も務めた。お笑い芸人としてビブリオバトルと本の魅力を精力的に発信している。
参加バトラー数（平均値）● 4 人
開催場所●秋葉原 ZERO-G、LOFT グループなど
東京都内ライブハウス

　みなさま初めまして、松竹芸能所属のお笑い芸人、カモシダせぶんです。僕は普段芸人活動をしつつ、書店でも働いていまして、二つを合わせて「現役書店員芸人」という肩書でTV やライブに出演してたりもしています。

　書店で働いてるぐらいですから、昔からお笑いと同じくらい本が好きで、「お笑いのお仕事のなかで自分の本好きや読書習慣が活かせるお仕事があればいいなぁ」と漠然と思う日々。そんななかで書店員芸人としての大転機が訪れたのが 2013 年に YouTube 収録で行われた「お笑いビブリオバトル」でした。お笑いビブリオバトルで検索するといまだに出てきますので、よろしければぜひ。

　ここで初めてビブリオバトルに出会います。自分の好きな本を制限時間内でプレゼンして、対決。面白そう！　まず普段芸人さんと本の話をすること自体が少ないので、それを聞くだけでも楽しみだし、「これだったら普段ネタのライブで負けてる相手に勝てることもあるかも！」と思って、練習から一生懸命に取り組みました。

　このとき僕がプレゼンしたのは、今でも大好きな詠坂雄二先生の『インサート・コイン（ズ）』（光文社）。TV ゲームがキーになる短編ミステリ集。小ボケを挟みつつ全力でプレゼン。投票結果 1 人だけ熱意がちがったおかげか、1 位を取れました。あの光景、鮮明に覚えています。優勝賞品がお

酢だったことも覚えています。なんでお酢だったんでしょう……。

　そこからありがいことに、ビブリオバトルにまつわるお仕事をいくつか
いただきました。ライブ動画学習サービスの schoo さんで授業をやらせて
もらったり、社会人ビブリオバトルのゲストに出させてもらったり……。
そこで、人や見てるお客様の層がちがうと、紹介する本がまったく変わっ
てくるということもわかって、とても興味深かったです。

　そこがひと段落して少しビブリオバトルから離れていたのですが、2018
年、当時お世話になっていた劇場、秋葉原 ZERO-G さんから「本好き芸
人の企画トークライブをやりませんか？」とお声がけをいただきました。
二つ返事でやりましょうとなり、企画の内容も任せてくれたので、メイン
企画はビブリオバトルにしました。久しぶりに芸人たちだけでビブリオバ
トルもやりたかったというのもあります。その年の７月にトークライブ「読
者たちの集い」を開催。終わってみたら出演者とお客様の満足度が非常に
高く、「これは定期開催でやろう！」という声にあと押しされ、月に１回
のレギュラーライブとなりました。ここから数年毎月ビブリオバトルをす
ることになったので、今やビブリオバトルはお笑いの次に慣れ親しんだア
クションともいえます。このライブのつながりで東京のサブカルの聖地ロ
フトグループの会場でもビブリオバトルをやらせてもらいました。

　そして 2022 年から 2023 年の春までに行われた全国大学ビブリオバトル、
全国高校ビブリオバトル、全国中学ビブリオバトルのすべての決勝の司会
をさせていただきました。この司会も自分にとってさらに成長できたお仕
事で、まず全国から勝ち上がった学生たちのエネルギーがすごい。本を読
みたくさせるという目的のなかで各々自由にアプローチができるので、優
勝できなかった大阪代表の学生が打ち上げで「大阪予選ではウケてたのに
決勝は笑いが少なかった」とまんま我々芸人と同じことを言ってて笑いま
した。この学生に限らず、県代表の学生たちとの交流のなかで、自分も人
前で表現することにもっと魂を燃やさねばと気合が入りなおしましたし、
ゲストでいらっしゃった作家の方々との交流も大変刺激になりました。

　ビブリオバトルは本当に楽しいし、僕にすてきな縁をたくさんつないで
くれました。恩返しの意味もこめて、もっともっと広がるよう、お笑いと
ビブリオバトルの懸け橋になっていきたいです。　　　（カモシダせぶん）

地域

R40 大人のビブリオバトル in 埼玉

授賞理由●「シニア世代が地域活動に参加してつながりをもつことで心身とも健康に過ごすこと」を目標に事業を執り行う埼玉県庁共助社会づくり課が、2019 年度の事業としてビブリオバトルを取り上げ、県内各地 17 市町村での予選会の実施と決勝大会を開催。バトラーを 40 歳以上に限定した新しい切り口での試みや、ビブリオバトルの開催実績のない県内図書館を巻き込んで、各自治体の交流を促す活動を行った。

参加人数●バトラー 15 人、観覧者約 200 人　※投票した人数、見学者を除く

開催場所●埼玉県内各地 17 市町村の会場準決勝
　　　　　決勝戦「越谷レイクタウン kaze 1 階翼の広場」

　人生 100 年時代。何歳になっても社会の一員として人とのつながりを保てるよう、埼玉県では、"地域活動"への参加をあと押しする取り組みを行っています。しかし、実際には"地域活動"に無関心な人がまだまだ多い現状があります。2019 年、埼玉県は「地域活動に無関心な人にリーチする」ために、そういった方々が興味・関心のある活動を楽しみながら、地域の人や活動、イベントにふれるきっかけとなる企画を検討しました。そこで、活用されたのが「大人のビブリオバトル」。この企画にビブリオバトル普及委員として、木下通子と永野舞子が企画段階から協力し、開催していきました。

　この企画の主幹は、埼玉県共助社会づくり課で、予選会の運営を担う「地域デビュー楽しみ隊」という地域活動を積極的に行っているアクティブシニアのみなさんにビブリオバトルを体験していただくことから活動が始まりました。ルール説明のあと、実際にワークショップ型でビブリオバトルを体験していただき、魅力を感じていただいたシニアのみなさんが、各地で行われた予選会の司会をし、活動を盛り上げました。予選は 2019 年 9 月〜12 月にかけて、県内 17 か所で開催され、決勝戦は各予選会で 18 日チャンプ本を紹介したバトラーが集まり、2020 年 1 月 18 日（土）に、越谷のイオンレイクタウンを会場に行われました。

ビブリオバトルのテーマは地域デビューで得られる「チャレンジ」「出会い」「笑顔」の３つ。40代から70代まで、経歴も関心も多様なバトラーによる幅広いジャンルの本が紹介されました。準決勝は５人のバトラーで３回戦行われ、『線は、僕を描く』(砥上裕将／著 講談社)『裸でも生きる』(山口絵理子／著 講談社)『「ふつうの子」なんて、どこにもいない』(木村泰子／著 家の光協会) の３冊が決勝戦に進み、『「ふつうの子」なんて、どこにもいない』がチャンプ本に選ばれました。

R40 大人のビブリオバトル決勝大会

　予選会を行った県内17地区のうち、公共図書館がビブリオバトルを開催した市町村では、大人のビブリオバトルをきっかけに定期的にビブリオバトルを開催するサークルなども生まれたのですが、COVID-19の感染拡大による緊急事態宣言で、活動が停止してしまいました。

　埼玉県では、埼玉県立図書館が「図書館と県民のつどい・中学生ビブリオバトル」を県大会として主催、埼玉県教育委員会が「彩の国高校生ビブリオバトル」を主催しており、ビブリオバトル普及委員が運営協力しています。「R40 大人のビブリオバトル」は単年度の活動でしたが、機会があれば、ぜひ復活させたいです。

(木下通子)

地域 はりま ビブリオバトル実行委員会

> 授賞理由●「こんなにユルくて大丈夫？　グダグダはりまビブリオバトル！」
> を合言葉に、さまざまなバックグラウンドをもつ実行委員がつながり、
> 兵庫県播磨地区を中心とした学校でのビブリオバトルやサイエンスカ
> フェとのコラボ、周辺他市での開催など広がりを見せている。
> 参加人数（平均値）●1年目5人、2年目19人、3年目61人、4年目100人
> 開催場所●兵庫県播磨地区近隣の会場

1. はりまビブリオバトルの「特色」

① 運営実行委員会のスタッフが多様！

　わたしたち、はりまビブリオバトル実行委員は、現在18人もいるんです（笑）。学校教員・図書館司書・文学館・本屋・まちづくり関係者・自然活動団体等、ビブリオバトル好きのさまざまなスタッフを実行委員に充てました！　みなさん、ボランタリーにゆるくつながりながら、当人同士が楽しく集まるコミュニティになっています！

② 「ビブリオバトルはこうあるべき」に捉われない

　だから、ゆるくてグダグダになることを怖がらない。むしろ歓迎しています！　もちろん、ルールに準じながら、場の設定を自由にしていて、細かいことは気にしていません。途中演奏もあれば、赤ちゃんの飛び入りもあり、かぶりものもあります。このゆるさが新たな創発を生み、偶然生まれた縁がエピソードをつくっていくんです。一方、ビブリオバトルの公式ルールに準じながら、第一人者（ビブリオバトル考案者など）を招き、ノウハウやスキルを貪欲に組み込んでいっています。

③ みんなの心に残るイベントに

　イベントでは、子どもと大人の部の2部構成にして、子どもが一生懸命本を紹介する姿を大人に見せて、大人が真剣に本を紹介する姿を子どもに見せるようにプログラムしています。子どもがチャン

書店で子どもたちがバトル！

プ本を取れずに泣いている姿を大人が見守り、優しく包み込んでいます。大人が自分の生き方と合わせて本を紹介する姿に、子どもは本のタイトルをメモに取って、すぐに取り寄せられるように意気込んでいるんです！

2. はりまビブリオバトルの「広がる力」

① 「播磨を楽しくしたい！」というゆるいミッション

　最初は、小さな取り組みでした。1年目→2年目→3年目とジワジワ広がりました。特に、ビブリオバトルを提唱された谷口忠大氏をお招きできたときには、書店で本棚に囲まれながら、子どもたちがおススメの本を紹介！　最高の時間を共有できました！

書店の本棚に囲まれた中で、好きな本を紹介！

② チャンプ本がラジオに出られる特典がある

　はりまビブリオバトルでは、チャンプ本が地域のラジオ局に出演できるという特典をプログラム化しています。パーソナリティーの方も、毎年、子どもが魅力ある本の紹介をリスナーに届ける日を楽しみにしていて、何より、子どもが初めてのラジオ出演ということで、いつもワクワクしています！

③ 新聞記者もビブリオバトル

　そんな楽しいスタッフなので、一度新聞社で特別賞受賞の取材を受けた際には、新聞記者からの「ビブリオバトルって何？」との質問に、「まずは今からやってみましょう！」ということで、体験していただきました！取材もビブリオバトルにしてしまう（笑）。どんな活動もビブリオバトルにできるところが魅力だと思っています！

④ 自然学校の雨天プログラム

　兵庫県ではすべての公立小学校5年生が四泊五日の自然学校に参加しま

す。ある小学校の5年生39名から自然学校の運営依頼がありました。ただ、当日は雨天となってしまったのです。外では自然体験ができない。そんなときにビブリオバトルを行ったんですね。しかも、図書館で！

図書館での真剣な本探し！

　初めてビブリオバトルを行った小学生たちは、図書館で本を選んで速読し、本の紹介に臨みました！　結果、チャンプ本7冊のうち、5冊が図書館でセレクトされた本というスタッフも驚きの結末でした。

3. はりまビブリオバトルの「未来」

① 　はりまビブリオバトル甲子園

　こんな活動は兵庫県のさまざまなところで出没したらよいなぁと思っていて、学校でも、書店でも、図書館でも、まちづくりでも、播磨圏内でビブリオバトルを楽しめるようにスタッフで意識しています。甲子園というのは、「各地域からチャンプ本が集まって、競い合う大会をいつか実施できたらな」と夢に描いています！そして大阪関西万博をきっかけに、海外の方も巻き込んだビブリオバトルが世界に発信できないか、思案中です（笑）。

② 　ビブリオバトルの運営依頼

　こんな楽しいスタッフでやっているので、播磨圏内のさまざまな施設や学校からも、ビブリオバトル運営の講師依頼が生まれます。その楽しい雰囲気がはりまビブリオバトルの広がりを生んでいます。まだまだ小学校でもビブリオバトルをしていないところが多くて、自然体験の雨天プログラムで実施した小学校からは、学校でも新たに取り組みたいとの依頼もあるんですよ！ 　　　　　　　　　　　　（はりまビブリオバトル実行委員会）

★はりまビブリオバトルの成果
パンフレットのダウンロードが可能です➡

生駒市図書館と 生駒ビブリオ倶楽部

（いこま）

その他

> 授賞理由● 2013 年より定期的に開催を続けてきたビブリオバトルのコミュニティ。「ビブリオバトル全国大会 in いこま」ほか、定期開催のビブリオバトルでもオンライン配信 (Zoom・YouTube) を活用し、関西圏のみならず全国のビブリオバトルに関わる人も楽しめる工夫を取り入れている。
> 参加人数（平均値）●定例会　オフライン開催約 20 人
> 　　　　　　　　　　　　オンライン（併用）開催　約 30 人
> 　　　　　　　　全国大会　約 340 人
> 開催場所●生駒市図書館（奈良県）

1．図書館に本の好きな人のコミュニティをつくりたい！

　当市でビブリオバトルが始まったのは、平成 24 年 12 月でした。当初は 3 回試験的に開催しましたが、参加された市民の方から「継続的に今後も開催したい、ついては市民団体を立ち上げたい」というご提案がありました。そういった経緯で平成 25 年 6 月「生駒ビブリオ倶楽部」が誕生し、以後、図書館と協働して毎月 1 回ビブリオバトルを楽しんでいます。

2．いろいろなビブリオバトルを楽しむ

　生駒ビブリオ倶楽部は、面白いことをやってみたいと思う人が多く、カレーのお土産つきビブリオバトル（全日本カレー工業協同組合のご後援）や、公式ルールからはみ出して楽器の使用を可とした「ミュージックビブバトル」など、楽しい運営を行っています。こんな雰囲気のなかで、関西大会をやろうという声も自然とあがってきました。

3．「関西大会」から「ビブリオバトル全国大会 in いこま」の開催へ

　今から思うと多少無謀ではありましたが、平成 26 年 3 月に関西大会を初開催しました。腕に覚えのあるバトラーからの本の紹介や、初めて顔を合わす団体同士が交流でき、本当に楽しいイベントでした。
　この経験をもとに「全国大会はもっと面白いのでは !?」という機運が高まりました。予算がない、人脈もないなかで紆余曲折ありましたが、ビブ

リオバトル普及委員会の多大なるお力ぞえもあって平成27年9月に第1回目の全国大会を開催できました。

　以後、毎年全国大会を開催し、令和4年度で第8回を迎えました。第2回大会からは、バトラーによる読書エッセイ集を作成し、参加されなかった人も含めて、イベントが終わったあとも継続して楽しめる工夫をしています。

4. コロナ禍におけるビブリオバトル

　令和2年度からは、コロナ禍のため、ZoomとYouTubeによるオンライン開催となりました。当初、全国大会を1回やむを得ず中止としましたが、定例会のビブリオバトルを中止するという考えは特になかったため、配信方法も知らないのに、気軽な気持ちで始めました。実際にやってみると、配信設備の整っていない施設で、会場が暗い、音が聞こえない、PCのスペックが低い、回線が不安定などの問題のほか、オンライン用のルールがないなど、さまざまな問題が毎回もち上がりました。撮影用の機材は倶楽部員の私物頼み、配線工事は全国大会に間に合わないなど大変でしたが、協力して課題をクリアし、今となればよい思い出となりました。このような我々の活動を評価していただき、大賞をいただきました。今までビブリオバトルを知らなかった人にも知っていただく機会となり本当によかったと思います。

R3年度ビブリオバトル全国大会inいこま オンライン予選会

5．これから

　オンラインは、参加者の負担が少ないというだけでなく、アーカイブで当市の活動を全国に発信できるという利点があります。アーカイブをご覧になられて全国大会の出場を決められたとか、学校の授業でビブリオバトルの説明に使った等の話を聞いています。

　一方、画面越しのコミュニケーションには限界があること、組織票に結びつきやすいこと、公開されるならバトラーとして参加したくないという人など、インターネットならではの問題点もあり、これらの課題とうまくつきあっていく必要があると感じています。

　当市での活動は8年を経過し、定例会は100回を迎えました。途切れることなく開催してきたという実績の反面、次第に新鮮さが失われつつあるなかで、メンバーが固定化してくるという課題も抱えています。むずかしい局面を迎えていると思いますが、本のあるコミュニティを今後も大切にしていきたいと考えています。　　　　　　　　　　　　（西野貴子）

R3 年度ビブリオバトル全国大会 in いこま　決勝

その他 オンラインスクール OneStep

授賞理由●スクール内の参加型ラボ「才能発掘ラボ」内で小学生を対象とした「オンライン　ミニ・ビブリオバトル」を定期的に開催し、そのようすをYouTube「オンラインスクール OneStep ちゃんねる」で公開。小学生のバトラーはおすすめ本を自分自身の言葉で表現し、ディスカッションタイムでも積極的に質問をするなど、生き生きとビブリオバトルを楽しんでいる。

参加人数（平均値）●4〜5人
開催場所●オンライン　世界中どこからでも

オンラインスクール OneStep は、自分の好きなことをその道の専門の先生から学び同じ思いの仲間と出会い、未来の自分の道を見つけるきっかけとなる、そんな場所です。OneStep では講座のひとつとして、2020年10月より本好きの小学生が集まる「オンライン小学生ミニ・ビブリオバトル（以下ミニ・ビブリオバトル）」を月1〜2回開催しています。

Zoom での参加形式で、参加人数は3人以上5人までです。また2022年度からは投票権をもつ観覧者枠も設けました。対象は小学1〜6年生までと幅が広いため、わかりやすく、初めてでも参加しやすいように、ビブリオバトル公式ルールを少しアレンジしたルールで開催しています。ルールはバトル前に画面共有します。

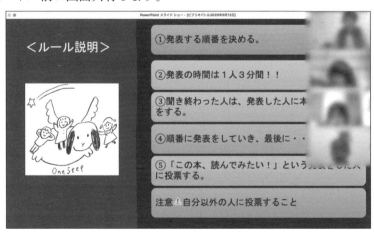

オンラインでルール説明

　ミニ・ビブリオバトルではバトラーの発表時間は3分間です。タイマーで可視化し、アラームで知らせます。公式ルールと同じように時間がきたらそこで終了、と少し小学生にとっては厳しいようですが打ち切りとします。

　発表の順番は、好きな色を選ぶと次の画面に出た色と対応した数字で決定します。好きな色が被ることもありますが、解決策は子どもたちに任せています。じゃんけんで決めたり譲ったり、自ら最後に回る子など、そこもミニ・ビブリオバトルならではの光景です。

　投票は、画面越しに覗いたりを防ぐために、みなが一斉に後ろを向き、読みたいと思った本のタイトルを呼ばれたら右手を挙げるという方法です。画面を司会者が確認をしてから投票、結果発表となります。

　OneStep のミニ・ビブリオバトルにはいくつかの特徴があります。

　1つ目は、「バトラーが達成感を味わえるようにすること」です。バトラーは自分の順番がくるまでは緊張し落ち着かないものです。一方、先に終わった場合は集中に欠けてしまうこともしばしば見られます。そこで、「質問よかったで賞」という賞を設け、今日のバトルを盛り上げる質問や、本の面白さを引き出すきっかけをつくったバトラーには、司会者が1人選考し、賞を贈っています。この賞をつくってからは集中して聞くことが増え、感想を交えながらの深い質問も出るようになりました。また「主人公の結末が気になって、それって○○ですか？」といった新しく出会った本の虜になる姿も増えました。

　バトルである以上、結果は小学生にとって一大事です。ですが結果だけではなく、ミニ・ビブリオバトルで新しい本の扉を開くきっかけになってもらいたいと思います。話題作ではない本も多く出てきますが、同じ本が好きな仲間を見つけたときの顔はとてもうれしそうです。

　2つ目は「司会者が子どもの言葉や知的発達・コミュニケーションの専門家であること」です。司会者は、言語聴覚士という国家資格を有した者が担当しています。子どものコミュニケーション力を引き出す方法を専門的に熟知しているため、異年齢が集まってもバランスよくバトルを進めることができます。

今後につながるよう子どもたち一人ひとりの発表のようすを分析し、感情表現のしかた、発表の態度、構成力などを具体的にアドバイスする時間を最後に設けています。よかった点を具体的に挙げて自己肯定感を高め、次のバトルに向けた改善点をもちながらまた参加したいという意欲につながるようにしています。ミニ・ビブリオバトルのなかだけでなく、さまざまな場面で活かしてもらいたいと考えています。

　3つ目は「バトルのようすをYouTubeにて配信し、ミニ・ビブリオバトルの面白さを知ってもらうこと」です。読書好きな小学生は多いものの、ビブリオバトルの認知度は低いのが現状です。内容に興味をもってもらう入り口としてはもちろん、家族にチャンプを取ったシーンを見てもらいたい、バトラーの成長の証として、そして何より本が好きな小学生が生き生きと参加しているようすを多くの人に知ってほしいという思いで動画配信しています。動画を見て参加してみようと思った、というお声もたくさんいただいています。

　2年以上主催してきて、オンラインという形式でも小学生のパワーは変わりませんし、同じ地域といった狭いコミュニティではなく世界中から「本」というつながりで友だちができることのすばらしさを実感しています。子どもたちの選ぶ本が変わっていく過程に成長を感じたり、前回チャンプの発表でよかった点を取り入れ、自分の発表に活かすという吸収力の高さにも驚かされます。子どもたちのアイデアで夏休みなどは特別に「マンガでミニ・ビブリオバトル」といった新たな企画も盛り上がっています。

　これからもオンラインでのミニ・ビブリオバトルを通して、本好き小学生の居場所のひとつになれたら幸いです。（OneStep 言語聴覚士シマシマ）

あると役立つビブリオバトル・アイテム ❷

■ブックスタンド

　紹介され終わった本は、会場の見える位置に置いておくと、参加者が投票先を考えるのに役立ちます。その際、表紙が見えるブックスタンドに置けるようにしておくと、より「本を大切に扱う姿勢」が伝わるからか、喜んでくださる方が多いです。

■ビブリオ袋

　バトラーの方向けのおすすめアイテムです。本を紹介するとき、最初から書名を言うのではなく、「ツカミ」のトークでひきつけた後に公表したい、という場合がありますよね。そんなとき、このビブリオ袋に本を入れておき、書名を言う際に取り出すようにすると、直前まで聞き手に情報を伏せておけるのでわくわく感を演出できます。もちろんカバンやブックカバー、紙袋などでも代用できますが、布製の袋だと「すぐに取り出せる」「取り出すとき音がしない」「カバンの中で本を保護できる」といったメリットがあるのでおすすめです。

山口みゆきさん
考案ビブリオ袋

■お茶菓子

　ビブリオバトルを行うと、バトラーの好みや人となりがよくわかります。そのため、その日初めて会った人同士でも会話が盛り上がりやすくなります。ビブリオバトルをし終えた後は、ぜひそのまま解散するのではなく懇親会を開いてみてください。さらに新しい人と人、人と本とのつながりが生まれますよ。その際、お茶菓子や飲み物があると、より会話の糸口をつくりやすくなるのでおすすめです。

■投票用紙

　ビブリオバトルでは、投票方法は指定されていないため、挙手などによる投票でも問題ありません。ただ、投票用紙を使うことには、①他人の目を気にせず投票できる、②得票数を非公開にすることができる、という2点のメリットがあります。特に学校の授業などに導入する際、得票数が少なかったことが原因で読書やスピーチ自体に苦手意識を持ってもらわないようにするため、この方法は有効でしょう。

　投票用紙の工夫で、発表へのポジティブな感想だけを集めることもできます（→ p.104 参照）。参加人数が多く集計に時間がかかりそうな場合、Google フォームなどの投票用 QR コードを大きく表示し、各自のスマートフォンから投票してもらうことで、手間を削減するやり方もあります。　　　　　　　　　　　　　　（益井博史）

2021 特別賞 ← ビブリオバトルの渦をつくるで賞

大学 阿波ビブリオバトルサポーター

授賞理由●阿波ビブリオバトルサポーターは 2013 年に徳島県内にビブリオバトル
　　　　の魅力を広めることを目的に有志で結成され、2014 年に徳島大学の公
　　　　認サークルとなった。以降、「全国大学ビブリオバトル」の地区予選・
　　　　地区決戦の主催、徳島県の中学・高校ビブリオバトル大会の補助など、
　　　　大学内外で活動している。
参加人数（平均値）● 4 人
開催場所● Zoom アプリを利用したオンライン

　阿波ビブリオバトルサポーターは、ビブリオバトルや読書会イベントを
企画・開催することでビブリオバトルを主とした読書活動を普及・活性化
することを目的に活動しています。

　COVID-19 流行以前には、月 1 回の頻度で対面のビブリオバトルや読書
会イベントを開催するほか「全国大学ビブリオバトル」の地区予選・地区
決戦の主催などもしていました。また大学祭へも参加し、おすすめの本の
展示やビブリオバトルのデモンストレーションを行っていました。

　コロナ禍の現在は、活動の場をオンライン（Zoom）に移行し、1 〜 2
カ月に 1 回、ビブリオバトルや読書会などのイベントを企画、運営してい
ます。活動の場をオンラインに移行したことにより、徳島以外で生活され
ている方も参加しやすくなりました。またイベント広報に Twitter を利用
することで、SNS を活用してビブリオバトルの情報を収集している方々
に情報が届き、今までは交流のなかった他校さらには社会人の方との交流
が生まれています。どこからでも気軽に参加できるようになったことはオ
ンラインの利点だと感じています。

　ではここで、2021 年度を例にして、1 年間の活動を少し詳しく紹介し
ます。

5 月　他団体と合同の新入生歓迎会
　　　オンラインビブリオバトル（テーマ：なし）
7 月　オンラインビブリオバトル（漫画限定）
8 月　オンラインプレゼンテーション大会（テーマ：わたしの推し）

10月　全国大学ビブリオバトル大会予選会
11月　オンライン読書会（テーマ：ハマっているもの）
12月　オンラインビブリオバトル（テーマ：プレゼントしたい本）
2月　オンライン読書会（テーマ：神話＊ゲームや漫画の元ネタを含む）

　5月のビブリオバトルは年度初めであることからテーマなし、12月はクリスマスにちなんだテーマといったように、参加者に季節感を感じながら楽しんでもらえるように工夫しています。12月のビブリオバトルでは『きりえや偽本大全』（髙木亮／著　現代書館）や『図書館戦争』（有川浩／著　角川文庫）などが紹介されました。漫画限定ビブリオバトルは「本は読まないけれど漫画は読む」といった方に向けて企画しています。普段は読書しない方へビブリオバトルを知ってもらうことを目的としています。
　実際に紹介された漫画としては『BEASTARS』（板垣巴留／作　秋田書店）や『WIND BREAKER』（にいさとる／作　講談社）などがあります。既にアニメ化されている作品から、のちに話題となる作品まで幅広い紹介でした。

　8月のプレゼンテーション大会は
①　プレゼンテーション能力はビブリオバトルにおいて重要であること
②　プレゼンテーション能力は社会人となったとき、必須な能力かつ大学生でもたびたび必要となる能力であること
を踏まえて企画しています。テーマを「わたしの推し」、つまり自分の好きなもの・こととすることで、まずはプレゼンテーションに対する抵抗感や苦手意識を払拭してもらおうという意図がありました。結果参加者が嬉々として発表する有意義な時間になり、2022年度にも開催しています。
　また2021年度には開催されていませんが、例年であれば大学図書館学生協働交流シンポジウム（大学図書館で活動する学生の交流を目的として開催されているイベント。中四国地区の大学図書館協議会が主催）に参加し、大学図書館で活動する他団体の学生と交流し、情報・意見交換を行っています。　　　　　　　　　　　　　　　　　　　　　　　（小井優萌那）

2021 特別賞 ▶ 愛書サークル賞

大学 皇學館大学ビブリオバトルサークル「ビブロフィリア」

> 授賞理由●皇學館大学ビブリオバトルサークル「ビブロフィリア」は、2012 年に
> 設立されてから三重県を中心にビブリオバトルを行っている。大学附属
> 図書館で継続的にビブリオバトルを開催しているほか、三重県教育委員
> 会と協力し、小学校・中学校・高等学校にてビブリオバトルのデモンス
> トレーションを実施。三重県のビブリオバトル普及活動に 10 年近くに
> わたり貢献し続けている。
>
> 参加人数（平均値）●6 人
> 開催場所●皇學館大学附属図書館 2F ラーニングコモンズ

　2012 年 7 月 24 日に設立した皇學館大学のビブロフィリアは、先輩から後輩へと受け継ぎながら、10 年以上経った現在も活動を続けています。2022 年 10 月現在の部員数は 16 人で、週 1 〜 2 回を目安として放課後に図書館で開催しています。自由参加を基本としており、毎回 5 〜 6 人の部員が活動に顔を出しています。紹介する本はさまざまで、文豪の名作から研究で使用する学術書、幼い頃に読んでいた絵本、最近ハマっている漫画やライトノベルなど、部員の個性が光るビブリオバトルが毎回くり広げられています。

　コミュニティ型である特性上、サークルの同じ顔ぶれで何度もビブリオバトルを行うことができるため、ほかのメンバーの好きそうな本がだんだんとわかっていきます。「あの子が好きそうだな」と思った本を紹介したときに、思った通りの反応が返ってくるとうれしくなります。チャンプ本が決定したあとに雑談タイムを毎回設けていますが、紹介した本をきっかけに話が弾み、1 時間以上にわたって話し込んでしまうこともめずらしくありません。

　また、普段の活動のほかに、学内外との連携によるビブリオバトルの普及活動にも精力的に取り組んでいます。学内に向けては、学園祭で参加型ビブリオバトルを開催したり、司書教諭課程の講義内でデモンストレーションを行ったりしています。学外においては、これまでに伊勢銀座新道商店街、三重県総合博物館（MieMu）、伊勢河崎一箱古本市などでビブリオバトルを実施してきたほか、三重県教育委員会から依頼を受けての「中

一箱古本市でビブリオバトル

学生・高校生ビブリオバトル三重決戦」の大会運営・司会進行や、県内小中高等学校でのデモンストレーションなどに参加しています。このような学外での活動は、普段行っているような知り合い同士のビブリオバトルとは異なり、紹介する本をそのときの聴衆に合わせて変える工夫をしてみたり、思いもよらない質問に対応する必要があったりするため、部員にとっても新たな刺激の機会になっています。小学校でデモンストレーションを行った際には、「紹介された本に興味をもった」「自分でもやってみたいと思った」といった感想も多くいただきました。

　しかし、Bibliobattle of the Year 2021 を受賞した前年には、COVID-19 感染症が広まった影響を受け、図書館での活動が禁止されてしまいました。新入部員の勧誘もむずかしくなったことで、サークル活動の継続も危ぶまれてしまいました。そこでわたしたちは、ビブリオバトルをオンライン開催することで活動を継続してきました。それぞれの家から Zoom を利用してビブリオバトルを行うことで、登学できないながらも部員同士の交流の機会をつくりました。図書館での活動を再開したあとも当初は参加率が低く、ときにはゲームとして成立する最少人数だったこともありましたが、現在では多くの部員が新たに入部してくれたこともあり、安定して開催できるようになりました。学外との連携は以前と同じように行うことができなくなり、中止せざるを得なかった計画もありました。小学校でのデモンストレーションでも Zoom を活用してみたり、「高校生ビブリオバトル三重決戦」の大会運営・司会進行では参加人数を絞ったりするなど、新しいかたちを模索しながら学外連携を行っています。

　わたしたちのサークル名は、「愛書家」を意味するビブロフィリア（bibliophilia）から来ています。10 年以上続いてきたこのサークルは、愛書家である多くの先輩方の活動の積み重ねです。わたしたちもその歴史の一部となれたことに感謝しつつ、今後も後輩たちが活動を受け継いでくれることを願っています。
　　　　　　　　　　　　　　　　　　　　　　　　　　（大平瑞姫）

2022 大賞

書店 コバショでビブリオ

授賞理由● 2017年、兵庫県尼崎市の商店街にある小林書店で始まり、ビブリオバトルの開催等を契機に、作家を招いてのトークイベント、餅つき大会や落語会など幅広いイベントが開催されていき、それらの取り組みが『仕事で大切なことはすべて尼崎の小さな本屋で学んだ』（川上徹也／著 ポプラ社）で小説化された。また、同年小林書店のドキュメンタリー映画「まちの本屋」が制作され、全国で上映された。

参加人数（平均値）● 15～20人

開催場所●小林書店（兵庫県尼崎市立花町 2-3-17）

「コバショでビブリオ」は2017年、兵庫県尼崎市の商店街にある小さな「まちの本屋」こと、小林書店で始まりました。店主の小林由美子さんと尼崎市の職員で、普及委員を務める江上昇とで始めた会は、2023年3月には25回目を迎えました。小さな店舗で、15人も入れば立ち見が出るような、こじんまりとしたスペース。普段は書棚や在庫を置いているスペースを片づけ、通路にイスを並べて、観覧席をつくります。空間の制約もあり、コロナ禍にはバトラーだけが店内で、観客はオンラインで参加と、リアルとオンラインを併用しながら続けてきました。

バトラーは毎回、4～6人が参戦します。大体ご新規さんが1～2人、常連さんが3～4人といったところですが、場合によっては直前まで埋まらないことも。毎回、小林さんと江上が出られるようにスタンバイして、欠員が出れば埋めるかたちで調整しています。ちなみに小林さんは本に関するプロ中のプロ。発表もみごとなものですが、欠員が出たときしか出演してくれないので、もし見られた人はかなりの幸運の持ち主かもしれません。

「コバショでビブリオ」の特徴は、小さな書店で開催されるアットホームさと、小さいながらも豊かな客層ではないでしょうか。ビブリオバトル好きが各地から参戦するほか、小学生からベテランまで出場者もさまざま。常連さんとご新規さんがいいバランスで混ざり合い、毎回雰囲気も変わります。

　コロナ禍までは、毎回終了後にお茶とお菓子を囲んで交流会を開催していて、まるで、かつての「井戸端」や「縁側」のようなコミュニティの場がつくられています。

　書店ということもあり、手配が可能な本はあらかじめ仕入れておき、紹介された本がその場で売れていくこともしばしば。本好きが本屋に集まり、本を紹介し、本を買って帰るという、本が好きな人にはとても密度の濃い1日になっていることでしょう。

　また、ビブリオバトルの開催などが契機となり、この店をまちに開いた本屋にしていこうと、ほかにもさまざまなイベントがこの書店で開催されるようになりました。作家さんを招いてのトークイベント、月に一度の朝食会、餅つき大会や落語会まで、幅広く開催されています。

　そんなこんなで「なにやら面白い本屋がある」と話題になり、2020年には取材に来た川上徹也さんの手により、『仕事で大切なことはすべて尼崎の小さな本屋で学んだ』（ポプラ社）で小説化。ストーリーのなかにはもちろん、「ビブリオバトル」も登場します。

　勢いは止まらず、同年、小林書店を題材にしたドキュメンタリー「まちの本屋」が制作されて、なんと映画化。2021年から2022年にかけて全国で上映され、こちらも本編中にビブリオバトルのシーンが登場します。この映画で、初めてビブリオバトルを知ったという人も多かったのではないでしょうか。機会があればぜひ、どちらもご覧になってください。そして興味をもったらビブリオバトルの開催日に合わせて、小林書店まで足をお運びください。気さくな店主と多士済済のバトラー陣がお待ちしております。

（江上 昇）

第22回コバショでビブリオ（2022年9月）

図書館 伊丹市立図書館（いたみ）
ことば蔵（くら）ビブリオバトル部

授賞理由● 2012 年から約 2 カ月に 1 度の頻度でビブリオバトルを定期開催し、2022 年 3 月までに計 48 回を数える。2020 年、2021 年の COVID-19 感染拡大防止によるイベント開催規制下での開催回数は減ったものの、オンラインツールを使用するなどして、開催を継続。運営は図書館職員だけでなく、一般から募った「部員」によって主体的に協力しあい、毎回テーマを設定するなど独自の取り組みを続けている。

参加人数（平均値）● 11 人
開催場所●伊丹市立図書館（兵庫県）

伊丹市立図書館
本館 ことば蔵

ビブリオバトル部
Facebook

〈伊丹市立図書館ことば蔵ビブリオバトル部〉

　2012 年に新しい図書館「ことば蔵」開館のプレイベントで、ビブリオバトル普及委員の方にビブリオバトルを実践していただいたとき、参加した市民が集まって部を結成したのが始まりです。隔月の開催で、最初の数年は人集めに苦労しました。みんなで知恵を出し合い、図書館という開かれた場所で開催される利点を生かし、老若男女、さまざまな年代の人に声をかけたり、街のイベントに関連づけたりして工夫を凝らしました。図書館スタッフが来館者に参加を呼びかけたり、急な欠席者が出たときに出場してくれたり、いつも親身になってサポートして下さったことが継続の大きな力になりました。二代目の部長が開催日に次回の日程とテーマを告知するということを徹底した頃から参加人数も安定してきました。

　部には決まりごとがなく、出入り自由。開催日以外はオンラインのやりとりで、テーマを決定、当日参加できる人が司会をするというユルさも継続理由のひとつかもしれません。担当者がフライヤーを作成して図書館に送付すると、図書館は伊丹市内の各施設にフライヤーを届け、図書館の玄関では大きなポスターを掲示して広報してくれます。当日はセッティングや司会のサポート、チャンプ本のバトラーへのプレゼントまであり、毎回本当に感謝しています。図書館スタッフが中心となって開催する中学生大会もありますし、ビブリオバトル部が高校で説明を行ったり、全国大会出場者にレクチャーしたりしたこともありました。このように伊丹市内にビブリオバト

ルが根づく活動も図書館で行っています。気がつけば10年経っていたという印象です。コロナ禍では開催が困難になり、パソコンに詳しい部員と図書館スタッフが中心となり、オンライン開催をしました。コロナが下火になってから、いち早く図書館でリアル開催したときには、参加下さった方が「再開を待っていました！」と喜ばれていたのがうれしかったです。

このように、図書館という公共の場で「ビブリオバトル」というイベントを通してさまざまなつながりが生まれています。市民を中心に官民協働で行われるイベントは街にとっても大切なことだと思っています。これからも多くの方々と本を通して人を知る場であり続けること、そして図書館スタッフと協働で楽しく部活動を継続していけることを願っています。

それでは図書館ことば蔵スタッフにバトンを渡します！

〈伊丹市立図書館ことば蔵スタッフ〉

この10年間、ビブリオバトル部を支えてくださった市民のみなさんと一緒に事業を続けてきたことは、とても感慨深く感謝の念に堪えません。当館のビブリオバトルは「交流フロア運営会議」という会議から生まれた交流イベントのひとつです。この会議は、市民と図書館職員が当館1階にあるオープンスペース「交流フロア」を活用して、やってみたいことの実現に向けて話し合います。このような活動等が評価され、2016年には、Library of the Year 大賞を受賞しました。そして、今回の Bibliobattle of the Year 2022 優秀賞をいただき、部員の方々とともに喜びを分かち合うことができました。

現在は、市内外から多くのバトラーが集い、熱い知的書評合戦がくり広げられています。コロナ禍では、イベントが中止や延期されていましたが、ビブリオバトル部のメンバーと協力し、初めてオンラインでのビブリオバトルを開催することができました。当初は運営面で不慣れなところもありましたが、遠方からの参加が見込まれるなど、新たな運営のあり方を知る機会となりました。

イベントのようすは、ことば蔵ホームページや部員の方々のSNS等でも報告させていただいていますので、みなさんもぜひご覧ください。今後も継続して当館ビブリオバトルを開催していけるよう職員一同も尽力して参ります。読者のみなさんのご参加も、ぜひお待ちしています。

その他

一般社団法人
フリンジシアターアソシエーション

> 授賞理由●ビブリオバトルを教育現場に導入する際に生じがちな、公式ルールの安易な改変によるビブリオバトルの機能不全や、参加を強制されることによる児童・生徒のモチベーションの低下といった課題を解決するため、だれもが無料で使用できるデジタル教材『KIDS のビブリオバトル！』を企画・開発した。

ウェブサイト

　ビブリオバトルを導入しようとする際、指導者が公式ルールや運用方法を学ぶための十分な時間を割くことができないといった理由から、実践者が独自のルール改変などを行うことによって、ビブリオバトルが期待する効果が得られないということが、課題として指摘されてきました。そこでわたしたちは、一般社団法人ビブリオバトル協会の監修のもと、公式ルールに則ったビブリオバトルが実践できるデジタル教材『KIDS のビブリオバトル！』を開発しました。この教材をタブレットやノートパソコン1台にインストールし、教材の指示に従ってボタンを押していくだけで、だれでも簡単にビブリオバトルを実施することができます。

　この教材にはビブリオバトルの進行機能のほか、ビブリオバトルをより楽しめるストーリー動画や、公式ルールを学ぶことができるアニメ教材「おしゃべり森のどうぶつたち」も併録されているので、初めてビブリオバトルを実践する方でも安心して取り組んでいただくことができます。

　『KIDS のビブリオバトル！』は、上記 QR コードのウェブサイト（http://www.dbf.jp/kids/biblio/index.html）からダウンロードできます。

主な対象年齢は 9 歳～ 15 歳を想定していますが、もちろん大人の方でもバトルに参加していただくことができます。

ボタンひとつで実施できますので、慣れてくれば休み時間に子どもたちだけでビブリオバトルをする、ということも期待できます。

わたしたちは、この『KIDS のビブリオバトル！』を通して子どもたちがさまざまな本と出会い、知識や情報を他者と共有する体験によって"人とつながる力"を育むことを願っています。

※『KIDS のビブリオバトル！』は「令和 3 年度子どもゆめ基金」の助成を受けて作成。

（大石達起）

- -

『KIDS のビブリオバトル！』ストーリーパートの主人公"FJ"の親友、ヒロです！ FJ にビブリオバトルを教える他、実際のプレイ画面でも進行役として登場しています。

ストーリーパートでは、ビブリオバトル初心者の FJ の前に、怖い顔の「ヤンキー」たちが登場します。彼らは、「○○（架空の世界的文学作品）も読んでない奴がビブリオバトルに参加しようなんて、百年早い！」と FJ に迫ります（怖いですね！）。でも、ビブリオバトルは膨大な数の本を読んでいる読書家や著名な書評家でなくても、たまに書店や図書館に立ち寄るくらいの人、あるいは普段あまり本を読まない人が、充分楽しめるゲームです。

ビブリオバトルでは、ほかでもない「あなた」が、なぜその本を選び、なぜその本を好きになったのかを話します。あなたがその本を好きになった理由は、どんなにえらい読書家や書評家でも語ることはできない、「世界中であなただけが語れること」なのです。

そして、そんな「あなた」が語るからこそ、その本が気になったり、読んでみたくなったりする人も、必ず存在します。ゲームを通して、そうした新しい人と本とのつながり、そして人と人とのつながりが生まれるところが、ビブリオバトルの何よりの魅力なのです。

　「でも、発表したら、まちがっていると怒られたり、ほかの人と討論しないといけなかったりするのかも……」と心配している方もいるかもしれません。

　大丈夫です。ビブリオバトルは、ルールのなかで「発表内容に対する批判や揚げ足を取ること」を禁止しています。「バトル」と名のつくゲームですが、論戦が起きないように設計されているのです。ストーリーパートの後半でも、「ヤンキー」が他の本をけなすような発言をしたことで、敗北してしまっていますね。ルールがあることで、バトラーは安心して好きな本の魅力を語ることができるのです。

　「あなた」とビブリオバトルができる日を楽しみにしています。ぜひ少し勇気を出して、チャンプ本を目指しバトラーになってみてください！

（ヒロこと、益井博史）

地域　谷 芳明
よしあき

> 授賞理由●主宰する月例の読書会や、大阪府八尾市の古民家スペース「茶吉庵」に
> 　　　　おいてビブリオバトルを開催。「町から本屋がなくなっていく現在、本
> 　　　　のよさ、読書の楽しさをみんなで共有したい」と集まったメンバーが活
> 　　　　動を行っている。
> 参加人数（平均値）● 18 人
> 開催場所●茶吉庵（国指定・登録有形文化財）…大阪府の東部、生駒山系高安
> 　　　　山の麓にある、築 250 年の旧河内木綿問屋であり地域の肝煎であっ
> 　　　　た萩原家住宅のこと。河内木綿問屋の屋号は、茶屋吉兵衛。

　わたしとビブリオバトルとの出会いは、関西大学ソーシャル・コミュニケーションリーダー養成講座で、ビブリオバトルの開発者である谷口忠大氏が担当されたワークショップです。本を 1 冊持ってくることという事前の指示だけで望んだ当日、いわゆるワークショップ型でのビブリオバトルが行われました。そのときのわたしの感想は、「おお、なんか面白いやん！」です。そのあと、自分が主宰する読書会で、対象となる本を選ぶのに、コミュニティ型のビブリオバトルをときどき実施していました。

　昨年の夏、知人の八尾の古民家スペース「茶吉庵」のオーナーが、Facebook 上で「ビブリオバトルを開催したいので、ビブリオバトル普及委員や経験者の方に協力してほしい」旨の投稿をアップしました。その茶吉庵オーナーは、元・書店経営者で、高校の同窓生で後輩にあたります。わたしは「面白そう！」と思い、早々に「手伝いたい」という返信をしました。

　その後、当ビブリオバトルの運営に協力する人たちで初めてのミーティングを行いました。そのとき、茶吉庵オーナーが話した内容は、"町の本屋さんの衰退と本離れ"を危惧するものでした。また彼はこの茶吉庵に「まちライブラリー」もつくっています。わたしの身近で、教員をされている方からは、「学生や生徒たちが、本を読まなくなっている」というようなことを聞くことがあります。また、「新入社員が本を読まなくて……」という話を、知人の企業経営者や人事担当者から聞くこともあります。

それに加え、町の本屋は目に見えて衰退していってます。個人経営の本屋さんを地元の八尾市でも見かけることがなくなりました。

　こんな状況のなかで、少しでも本に親しむこと、読書の楽しさを知ってほしいという思いに共感し、わたしは「ビブリオバトル」を手伝うことを決め、最終的に「茶吉庵ビブリオバトル」の代表をお引き受けすることとなりました。

　わたしは、早速ビブリオバトル普及委員会に入会しました。そして今年、「茶吉庵ビブリオバトル」の活動やわたし自身の読書会活動が認められて、"Bibliobattle of the Year 新人賞"をいただくことになりました。

茶吉庵オーナーがバトラーとして登場　＠米蔵２階

　「茶吉庵ビブリオバトル」は、作家の増山実先生を応援団長として、わたしや茶吉庵オーナーら７人の運営委員が協力して開催しています。開催頻度は季節毎の年４回です。それぞれテーマを決めて開催しています。2022年は、「温」「色」「祭」「実」という漢字１文字でテーマ設定しています。読みかたは制限せず、イメージを膨らませてほしいという思いで１文字としています。また、茶吉庵内で実施する場所を、季節に応じて変えています。春や秋の季節のいい時期はテラス席（屋外）で開催、寒い季節には米蔵の１階や２階。そして母屋の座敷など、毎回変化を楽しんでいます。

　また、各回終了後に、応援団長および運営委員が分担して記事を書き、小冊子にして発行しています。冊子の紙面に限りがありますので、ウェブ上で全文を公開するなどの方法も併用しています（"note"を使用）。

　紙の小冊子は、次回の「茶吉庵ビブリオバトル」開催時に配布するとともに、八尾市内の図書館、市役所、市内のボランティア団体の支援施設や知り合いの店舗に置いてもらっています。

　そして、今年最後のイベントは12月にビブリオバトル全国大会 in 生駒（p.77）に出場を目指して「チャンプ本大会」も開催します。また今後の構想として、子どもたちへの展開を考えていて、コミュニティ型もしくはワークショップ型で開催したいと考えています。地元・八尾で、大人と子どもが混ざって過ごせる居場所づくりを実践していてる八尾市の仲間たちと方向性などを話していこうと進めているところです。

ハロウィン飾りの中での発表　＠母屋・座敷

　これから「茶吉庵ビブリオバトル」はますます面白くなります。茶吉庵はじめ、少しでも多くの地域や場所でビブリオバトルが開催されることを目指して、引き続き明るく楽しく活動していきます。　　　　　（谷 芳明）

渋谷教育学園渋谷中学高等学校 図書委員会

授賞理由● 2021 年 8 月、渋谷教育学園が開催した SOLA（Shibuya Olympiad in Liberal Arts）2021 のなかで、SDGs をテーマとしたビブリオバトルの国内・国際大会をオンラインで主催・運営した。国際大会では、フィリピン、シンガポールの学生を含む中高生が参加し、英語でのビブリオバトルを行った。

参加人数（平均値）：49 人（国内大会）、47 人（国際大会）
開催場所●オンライン

国内大会

　ビブリオバトルの最大の魅力は、まったく知らない本を「読みたい、手に取りたい」と思わせてくれることです。本屋さん全体を歩いてみても、結局手に取る本は好みに寄ってしまいますが、その本が大好きな人からじっくり 5 分プレゼンされれば、思わず読みたくなってしまいますよね。そんなふうに読書体験の幅を広げてくれるビブリオバトルにとって、オンラインという場は意外にも相性がよかったです。

　環境がちがえば本の好みも変わっていくものですから、学校や地域、国もちがう方々とビブリオバトルをすることには新鮮な喜びがあります。わたしたち学生にとって遠征のハードルは高いので、オンライン開催というかたちは手軽にいろいろな方と交流するいい機会になります。今回は各学校図書館関係者のお力ぞえもあり、遠方からも参加者を迎えることができました。

　YouTube で配信しながら行うことで、バトラーだけでなく観客もビブリオバトル特有のライブ感を一緒に楽しむことができました。質疑応答や感想をチャットで受け付けられるのもオンラインの強みです。聞きまちがいもありませんし、バトラー同士だけではなく観客も感想が出しやすくなります。

　運営サイドとしては画面にバトラーの名前が表示されていることや、ブレイクアウトルームを使うと予選何試合かを並行して開催しやすいこと、投票の匿名性を確保しやすいことが便利でした。

　課題だったのは、安定した通信の確保です。大人数が接続しても端末が重くならないよう、記録用の機器と配信用の機器は分け、機材の負担を減らすよう努めました。

　対面のほうがいいだろうという意識はありましたが、実際にオンラインで行ってみて、ビブリオバトルの楽しさを新しい角度で見せてくれる形式だと実感しました。　　　　　　　　　　（国内大会リーダー　安西朝海）

国際大会

　2021年、世界中の中高生を対象とするSOLAを開催し、そのなかの主要イベントのひとつが、英語でのビブリオバトル国際大会でした。初めてのオンラインでの国際大会運営では、乗り越えるべき困難が数多くありました。

　特に、ビブリオバトルはまだ海外では知られていないため、ルールなど詳細な情報を盛り込んだガイドラインをつくったり、未経験の方々にも興味がもてるよう宣伝したりする必要がありました。どれだけの生徒が海外から参加してくれるかと心配しましたが、ほかの活動で学校同士や生徒同士の交流があったおかげで、シンガポール、フィリピンなどから参加してくれました。

　SOLA当日は、ZoomやSlackを用いたセッションで、技術的な問題が発生しました。IDやアクセス許可の設定で学校によってはブロックがかかる問題が生じたり、接続状況がわるくセッションが途切れてしまったり、Googleフォームでの投票がうまくいかず、再設定し直したりといったトラブルもありました。なんとか運営の仲間たちで臨機応変に対処し乗り越えられたのは大きな収穫でしたが、こういったイベントを主催するにはさらなる準備、経験やステップアップが必要と感じました。

　それでも、参加者たちはバトルを通じて新たな仲間や、これまでは読もうと思わなかったような本と出会うことができ、紹介者の感想や解釈を聞くことで、自分と考えが近い人や、まったくちがう考えをもつ人が海外にもいるのだと知る貴重な機会となりました。

　改善すべき点はありますが、初めての国際大会はオンラインという特徴をプラスにとらえた、ユニークなイベントになったと思っています。日本で生まれて海を越えたビブリオバトルが、いつの日か世界中で楽しまれるようになることを願っています。　　　　　　（国際大会リーダー　伊藤杏珠）

2022 特別賞 　未来の司書を育てるビブリオバトルで賞

大学 沖縄国際大学日本文化学科

> 授賞理由●司書課程の授業の一環としてビブリオバトルを取り入れ、地域の図書館で開催された中高生向けのビブリオバトル入門講座のサポートや、沖縄少年院でのビブリオバトルのデモンストレーションなどを実施した。
>
> 参加人数（平均値）● 30 人
> 開催場所●沖縄少年院

　2015 年に少年院法が改正され、矯正教育の一環として、読書の機会を院内の子どもたちに保障することが法的な義務になりました。わたしが住む沖縄県の、南部にある沖縄少年院には図書室が設置されており、「読書指導」という授業も行われています。2018 年夏ごろ、この図書室の存在を知ったわたしは、少年院に連絡をとり、授業での見学を依頼することにしました。見学自体はすぐに許可が下りたのですが、数日後、わたしの携帯電話に着信があり、首席専門官のM先生から「少年院でビブリオバトルをやってみたいのですが…」と、思いがけない相談を受けることになりました。

　M先生はもともと読書が好きで、院の子どもたちに読書にもっと親しんでほしいと思っていたところに、ビブリオバトルという活動があることを知って、院でも開催してみたいと考えていたそうです。公共・学校図書館でのビブリオバトルのイベントに、司会者、コーディネーター、または盛り上げ役として学生とともに参加した経験があったため、トントン拍子に話が進み、院の子どもたちや先生方にビブリオバトルを知ってもらうデモンストレーションとして、大学生によるビブリオバトル大会をやってみましょう、ということになりました。

　少年院での開催を 1 カ月後に控えた 11 月末、法務教官のT先生を大学にお招きし、少年院の役割や図書室の機能についてレクチャーを受けました。その後、受講生全員（16 名）での予選会を学内開催しました。本来のルールとは異なるかもしれませんが、学生たちには、矯正教育の一環であることを意識して、「中高校生の頃に読んで心が動かされた本」「つらい現実を忘れさせてくれるような本」「進路決定に役に立った本」といったテーマにそって本を選ぶように伝えました。そして、予選会での投票数やジェン

ダー比も考慮して7名を選出し、12月25日に受講生全員で少年院を訪れ、イベント型のビブリオバトルを行いました。

　学生たちが紹介した本は、『フリーター、家を買う。』『世界から猫が消えたなら』『ハッピーバースデー』『フェルマーの最終定理』『クリスマス・キャロル』『雨の日も、晴れ男』『明日は、いずこの空の下』の7冊。質疑応答と投票の結果、次々に襲いかかる不幸なできごとにも常にポジティブに立ち向かう主人公を描いた『雨の日も、晴れ男』（水野敬也／著　文春文庫）がチャンプ本となりました。

　授業後に集めた学生たちの感想文には、次のようなコメントが寄せられました。

●少年院に行くことを親に話をしたら、そんな危ないところに行ってはダメ、と言われました。わたし自身も授業日がくるのが少し怖かったです。でもビブリオバトルが始まってみると、最後まで姿勢を崩さず、真剣に話を聞いてくれて、積極的に質問もしてくれて、この日を楽しみにしてくれていたんだなぁ、ととても感動しました。
●少年たちは本が好きなごく普通の少年であること、そして自分のなかではないとは思っていた偏見があったことに驚かされました。なぜ彼らがいま少年院にいるのか、どうしようもない不条理が世のなかにはあることも考えさせられました。

　ビブリオバトルには、人と人とが立場や環境を超えてつながっていく、そうしたはたらきもあるのではないでしょうか。そして、今回の少年院での取り組みは、学生一人ひとりが読書の大切さをリアルに考えると同時に、司書として求められる公正さを学ぶ機会にもなったように感じています。沖縄少年院ではこのデモンストレーションのあと、子どもたちによるビブリオバトル大会が定期的に開催

沖縄少年院前での記念撮影

されています。いつか学生と院の子どもたちがビブリオバトルを通して本を紹介し合うような機会がつくれたらと思っています。　　　　（山口真也）

その他

ビブリオバトル on スペース

授賞理由● 2021 年 5 月から Twitter ※のスペース機能（音声でリアルタイムのやりとりをするサービス）を用いてビブリオバトルを開催している。新しいツールを積極的に活用し、ビブリオバトルの新しい層への普及に寄与している。

参加人数（平均値）● 40 人

開催場所● Twitter スペース

　ビブリオバトル on スペースは Twitter スペースを使ってオンラインで開催するビブリオバトルです。月に 1 回のペースで、2022 年 10 月までに 20 回開催してきました。

　Twitter スペースは Twitter のアカウントがあればどなたでも参加でき、音声で交流を楽しめるサービスです。スペースに参加すると、まず「リスナー」として会話を聞くことができます。そして、スペースを開催している「ホスト」から招待されるか、自分からリクエストすると、その会話に参加する「スピーカー」になることができます。ラジオのリスナーがこの話に参加したいなと思ったら、一緒にしゃべることができる、そんなSNS です。

　このだれでも気軽に参加できる特性をビブリオバトルに活かせないかなと、2021 年 5 月にビブリオバトル on スペースを始めました。

　コロナ禍以降、さまざまなオンラインでのビブリオバトルが開催されていますが、ビブリオバトル on スペースの特徴は「顔や本が見えないこと」と「参加申請が不要で紹介本も自由」の二つです。

　Twitter スペースは音声のみのサービスで、発表者が紹介するようすや本を見ることはできません。当初、それは短所だと考えていました。しかし続けているうちに、むしろ長所だと感じるようになりました。顔が見えないことで、その人の言葉に集中する。本が見えないことで、その本を深く想像する。それは実際にやってみないとわからない、心地よい感覚でした。実際、対面のビブリオバトルでも、本の中身を逐一見ることはできま

せん。発表からどんな本かを想像して、読みたい本を選んでいらっしゃるかと思います。音声だけになることで、より言葉と本に集中できる５分間、ぜひ参加して体験してみてください。

　また、発表を聞くだけの方はもちろん、発表の事前申請も不要としています。開催したスペースのなかで募って、その場で発表者を決定しています。

　発表者が集まらなかったらという心配はありますが、主催者がリザーバーとして発表本を用意しておくことで対処しています。発表希望者が多かった場合は、新人の方を優先し、ゆずりあっていただいています。

　紹介本の制約もありません。音声だけでは内容を伝えにくい漫画や写真集はもちろん、電子書籍、同人誌、パンフレット、なんでもありです。テーマも最近は特に決めず、自由です。

　読み終えたばかりの感動を、その情熱のままで伝えられる場をつくること。それが発表のハードルを下げる一番の近道かなと考え、このような自由でゆるいかたちで開催しています。

　また、主催者はとてもダメな人間なので、参加申請の締切や、事前の発表本連絡、選書上の条件などが苦手という裏事情もあります。

　コロナ禍で、書店や図書館などで開催していたビブリオバトルは中止を余儀なくされました。Zoom などを使ったオンライン開催も行われるようになりましたが、張り紙やチラシを見てふらっとビブリオバトルを聞きにくる、そんな気軽な参加のしかたはむずかしくなってしまいました。

　オンラインでも気軽に参加できる方法はないものかと考えていたところTwitter スペースが開始され、試しにとビブリオバトルを開催。以後、回を重ねてきました。

　ビブリオバトルは今後さまざまな広がりを見せていくことでしょう。音声だけでだれでも参加できるという、この変わったかたちのビブリオバトルも、その片隅でゆるゆると続けていければと思います。みなさまの参加をお待ちしております！ 　　　　　　　　　　　　　　　　（新藤祐一）

※ 2023 年 7 月末に Twitter のブランド名等が変更されました。
　本稿の「Twitter スペース」も今後、名称変更があるかもしれません（2023・8）。

あると役立つビブリオバトル・アイテム ❸

運営がスマートに !?

■ほめカード

ビブリオバトルで発表した後、聞いていた方から「読んでみたくなった」などのコメントをいただくと、勝敗問わずうれしくなりますよね。そうした一言をもらえたことで、このゲームを続ける気になった方も多いのではないでしょうか。でも、聞き手の数が多くなると、かえってバトラーさんに話しかけづらくなる場合もあります。せっかく多くの人に聞いてもらえたなら、コメントをたくさん持ち帰ってほしいところです。この「ほめカード」を使うと、投票とほめ言葉の回収をスムーズに行うことができます。

ほめカードの使い方

① 名刺サイズのカードを準備

例）バトラー 5 人、観覧者 10 人なら、5 枚 1 組× 15 人分で 75 枚。

② カードの上部にバトラーの番号を振る

例）バトラー 5 人なら 1 ～ 5 の番号を振る。

③ 参加者全員に 1 組ずつ配布し、カードにバトラーへのほめ言葉を書いてもらう

例）読みたくなった、元気がよかった、話し方が落ち着いていてよかった…匿名で OK ！

④ 2 回に分けて回収をする

1 回目　投票用紙として、「自分が一番読みたくなった本」の番号を 1 枚だけ回収する。

　　　　開票して、チャンプ本の決定！

2 回目　残りのすべてのカードを回収する。

　　　　　1 回目で集めたカードと併せて、番号ごとに振り分ける

⑤ 参加の記念として、バトラーにそれぞれの番号のカードを渡す

名刺用のミシン目つきシートに印刷すると、カード作成が楽になるのでおすすめです。公式ルールにはありませんが、バトラーのモチベーションをあげる（ひいてはリピーターになってもらう）工夫のひとつとしてとても有効だと思います。

いいところを探す目線→ディスカッションが荒れにくい、というのも主催者としてはうれしい効果でした。ぜひお試しくださいね。　　　　　　　　　　　　（佐藤 慧）

3章

学校で
ビブリオバトル

学校での開催について

　学校教育の現場で、ビブリオバトルの活用事例が増えています。本を選ぶことに始まり、本の発表のあとに他者と対話するまでの過程にはいくつかの学習要素があり、ビブリオバトルをくり返すことで、子どもたちは各自の興味関心を広げ、多様な知識・考え方や世界観を知ることができます。

① 本を選ぶ：興味関心のあるものを探す
② 本を読む：さまざまな知識・考え方や世界観を知る
③ 本の内容を紹介する：発表の内容と構成を考えて、他者に伝える
④ 本について語る：他者と対話をすることで、さらに興味関心を広げる

　ビブリオバトルを教育現場に取り入れるにあたって重要なことは、子どもの「主体的・対話的な学び」を大事にすることです。人に紹介したいと思う本を自ら選び、自分なりのやり方で本の内容を紹介し、自分の意見を伝える。この過程での主体性が学びにつながります。本の紹介のやり方に決まりはなく、さまざまな方法があるはずです。各自の発表内容に対してフィードバックをする場合は、紹介の方法論を伝えるのではなく、子どもの意見や考えを引き出す問いを投げかけてあげましょう。思考の整理を手伝うという姿勢で、子どもの主体性を尊重しましょう。

　また、子どもたち同士の対話の機会は大きな学びにつながります。ビブリオバトルの発表後のディスカッションでは、他者が発表した内容を聞いたうえで、理解を深めるための質疑応答をすることで、思考力を育むことができます。ビブリオバトルが終わったあとに、お互いに感じたことを共有する時間を設けることをおすすめします。子ども同士の対話の機会を「楽しい」と感じて、自分の興味関心をさらに広げる子どもが出てくるはずです。

　ビブリオバトルを子どもに紹介するにあたってのポイントは、導入を行う先生や図書館司書がビブリオバトルの楽しさを事前に体感することです。そして、「楽しいからやってみよう」と子どもたちと同じ目線で始められるとよいでしょう。ビブリオバトルの発表の動画を見るだけではビブリオ

バトルを理解することはむずかしいです。発表者として、ビブリオバトルを1回やってみることで、ビブリオバトルに対する理解度は格段に高まります。

　第四次「子供の読書活動の推進に関する基本的な計画」（文部科学省、2018）では、読書への関心を高める取り組みとして、「子供同士で本を紹介したり話合いや批評をしたりする活動が行われることが有効」であると記載があり、ビブリオバトルに対する期待について言及されています。また、ビブリオバトルを採用する小・中・高等学校の教科書は増えてきており、正課科目の中にビブリオバトルが定着してきています。

　ただ、ビブリオバトルは読書感想文ではないために、「国語」の学習目標にとらわれすぎないことも重要です。「総合的な学習の時間」、「情報」、「社会」などの科目から、課外の時間まで各校の事情にあわせて柔軟に教育目的を設定しましょう。

　ビブリオバトルができることは、読書と対話のなかで子どもたちの興味関心を多様に広げていくことです。子どもたち同士の対話を通して、各自の主体的な学びを手助けすることができるように、「楽しさ」を意識して活用いただければと思います。　　　　　　　　　　　　　（飯島玲生）

小学校でのビブリオバトルとこれから
～「楽しい」をつなげ、広げ、ふくらませるために～

　COVID-19 感染拡大にともない、学校でのビブリオバトルをどのように開催すべきかお悩みの先生方も多くいらっしゃることかと思います。特に小学校での場合、ビブリオバトルのゲーム感を最大限に味わいながら、子どもたちが集い、楽しく本を語り合うことが魅力のひとつかと思います。集まれないという状況下において、「楽しい」を引き出すにはどのようにしたらよいのでしょうか。

　現在わたしが勤務している長野県上田市立北小学校では、2021 年にオンラインを活用したビブリオバトル交流会を開催しました。北海道と長野県の小学校 6 年生がビブリオバトルを通した本の交流や地域交流をするというものです。各学校で予選会を対面で行い、チャンプ本を獲得したクラスの代表がオンラインで決勝戦を行うという、対面とオンラインの両方を活用したハイブリッド形式での開催です。観覧児童はディスカッションと投票で参加をします。

投票は 1 人 1 台端末を活用し、Google フォームにて投票を行いました。また、地域の方や保護者も自由に観覧ができるように別室にパブリックビューイング会場を設置したりなど、いつもの授業とはちょっとちがうわくわく要素が詰め込まれています。

北海道とのオンラインビブリオバトル

　クラス以外でもビブリオバトルをやってみたい。感染対策も兼ねながらオンラインを活用したらどうなるだろう。そんな考えのもと、「今だからこそ」を最大限に生かしたビブリオバトルを開催したのです。子どもたちは「遠い土地の出会ったことのない人と本を通してつながることができるなんて思ってもみなかった。すごい時代になった」「紹介された本はぜひ読みたい。本が好きになった」「日本中の小学校とビブリオバトルも夢じゃないかも…？」とうれしそうに、楽しそうに、期待に満ちた目で感想やこれからを語ってくれました。

　確かに、学校生活のなかには活動が制限される場面は多くあるかもしれません。しかし、できないからと何もかもを中止や縮小したかたちにするのではなく、今ここにいる子どもたちと向き合いながら、「今だからこそできることは何だろう」と一緒に考え、「楽しい」を創り上げていきたいと思っています。その過程にはいろんなかたちのオリジナルな「楽しい」が宿るのではないかと思うのです。

前ページでご紹介した実践はイベント型ですが、もちろんクラス内でのコミュニティ型が基本にあります。わたしたちの場合、そこにもいくつか工夫を加えることがあります。授業時間に行った例として、通常行われる図書館や教室ではなく、舞台を中庭や体育館などに変更して行ったり、くじ引きで対戦メンバーを決定したり、テーマ「This is 北小・クラスっぽい本・学年目標」などを決めたテーマビブリオバトルをしたり、担任の先生方が参加されたり……など、クラスに応じてさまざまな創意工夫があります。クラスや学年の発想に応じて楽しさも無限に広がり続けます。子どもたちらしさやクラスらしさで彩られたビブリオバトルは、オリジナルの楽しさやわくわく感があります。そうすると本の紹介にも自然と個性が溢れ出てきます。「人を通して本を知り、本を通して人を知る」というビブリオバトルのキャッチフレーズにありますように、わたしはビブリオバトルの「本を通して人を知る」というすてきさをいつも感じています。自分を思いきり語り、友だちを深く知ることで、紹介した本や紹介された本はその場にいる子どもたちにとって、通常の本の紹介とは異なった特別な1冊になるからです。そんな本の紹介をし合った子どもたちの心には、「本っていいな」「本が好き」、そんなあたたかい気持ちがそっと灯るように思えるからです。ビブリオバトルはその土台づくりとしても機能するとともに、回数を増すごとに本来のビブリオバトルのよさがじわじわと活きてくる面白さと魅力があります。

　本書には、たくさんの場所でのわくわくするようなビブリオバトルの実践例が紹介されています。さまざまな実践例を参考にされつつも、学校の子どもたちの好きや興味関心からさまざまな工夫を掛け合わせたりするのも楽しいかもしれません。学校で行う場合、どんなビブリオバトルを楽しみたいのかによって、どの時間（授業、休み時間、レク、クラブなど）にビブリオバトルを行うのかを検討することも大切になっていきます。時間によってそれぞれちがった魅力や楽しさがありますので、味わっていただけたら幸いです。

　ルールは守りつつも、ぜひいろいろな場所で、子どもたちと一緒に楽しいビブリオバトルの時間を過ごしてほしいと思います。「学校だからこそ」のビブリオバトルの楽しさと出会えますように。

（磯谷梨紗）

中庭でビブリオバトル

中学校・高等学校・大学の大会について

　読売新聞社内に事務局を置く活字文化推進会議は、若年層の活字離れに歯止めをかけようと、大学での読書教養講座、親子読み聞かせ教室、学校図書館活用フォーラムなどさまざまな事業を展開してきました。2002年の発足から21年が経過した今、活動の軸に据えているのがビブリオバトルで、大学、高校、中学の全国大会を手がけています。

　大学生大会はまだビブリオバトルが世に知られていない2010年、当時東京都の副知事だった猪瀬直樹氏に「関西地方で細々と行われている書評ゲームを東京でやってみませんか」とはたらきかけたところ快諾を得て、初めての大会が実現しました。直近の大会では100近い大学の学生が参加するまでになりました。

　大学に遅れること4年、2014年度にスタートしたのが高校生大会です。認知度が低く、参加してくれる生徒はまったく集まりません。事務局は都道府県教委を回り、予選会開催への協力を要請するとともに、読書活動が盛んな高校に個別にアプローチしていきました。今でこそ「本の甲子園」として認知度が広がり、多い年は1000校近い学校が参加するまでに大きくなりまし

第8回全国高校ビブリオバトルでグランドチャンプを獲得したグ沖縄代表県立小禄高校3年・小松美幸さん
© 読売新聞

た。当時は「本でバトル？」「読書はひとりでするものでしょう」という冷ややかな反応が多かったことが今では懐かしく思われます。

　ちなみに9回目となる2022年度は43の都道府県で教育委員会や地元の大学が主催して予選会が行われました。自治体の財政事情が厳しいなか、多くの教育委員会が予選会を開催するのは、若い人たちの活字離れが進んでいることへの危機感の表れではないでしょうか。2017年度に始まった中学生大会も年々県単位で予選会を行うところが少しずつ増えており、2022年度は13の府県で予選会が行われました。

　一方、都道府県によって読書推進への熱量に差があるのも事実です。秋田や三重、和歌山、福島などでは県教委が中心となって、広い県内をいく

つかの地域に分けて予選会を実施しているのに対し、数県では中学、高校共に予選会は開かれていませんでした。本離れなどによる想像力や表現力の欠如に懸念が示されるなか、本を読むようになるきっかけ、同世代から刺激を受ける貴重な機会が与えられないのは残念でなりません。ただ、2023年度に10回目となる高校生大会は、47都道府県全てで予選会が開かれます。

　大会に携わってきて改めて感じることは、本というメディアの偉大さです。大会ということで、最初は緊張気味に発表を始めた子どもたちの表情が、ビブリオバトルタイマーの経過とともに、だんだんと表情が和らぎ、目がキラキラと輝いてきます。多忙な執筆の時間の合間を縫って大会ゲストに来ていただいている作家の辻村深月さんは「同じグループで発表しあった高校生たちが短い時間でなかよくなっていくようすを見て感動しました」と話しています。辻村さんの言葉通り、各会場では大会終了後、参加者たちが時間を忘れて和気あいあいと語り合う姿が見られます。そっとそばに寄って耳をすましていると、「○○さんの本が好きなんだ。じゃあ今度、□□さんの本も読んでみてよ」「今、ベストセラーになっている本は読んだ？」といった会話が聞こえてきます。わたしが学生時代に友人と話していたような会話となんら変わりません。

　「ビブリオバトルの会場に行くと、本について話ができる同世代の仲間たちがいる。あの場の雰囲気を多くの生徒に感じさせたい」。引率の先生や司書の方からはこうした声がよく聞かれます。新型コロナ禍でリアルの大会ができなくなったとき、Zoomなどを使ってバトルを行うところが増えましたが、ビブリオバトルのよさはライブでより深く味わえるものではないでしょうか。

　2022年7月、東京・渋谷の書店の一角をお借りして未体験の小学生を対象にしたワークショップを試験的に開催しました。つきそいのお母さん方からは「同世代の本好きな子が、どんな本を読んでいるのか知ることができ、楽しそうでした」「帰宅してから、姉とずっと本の話をしていたんですよ」といった感想が寄せられました。ビブリオバトルの魅力を体感するのに年齢差は関係ないことを痛感しています。　　（読売新聞　和田浩二）

学校でビブリオバトルを楽しむための素材

　子どもたちとビブリオバトルをするとき、最初は「5分間も話せるだろうか？」と不安になるかもしれません。でもたとえ小学校低学年であっても、事前にしっかりと準備をしておけば大丈夫です。ここでいう準備とは、5分間の読み上げ原稿をつくることではありません。本のことを少し調べてみたり、「自分はどうしてこの本が好きなんだろう」ということを客観的に整理したりすることです。

　次ページのワークシート（利用の際はB4サイズに拡大コピー）は、そんな準備をやりやすくするために用意されました。まだ発表に慣れていない場合に使ってみてください。慣れてくると、このシートにあるような情報を自然に頭のなかで整理できるようになってくるはずです。

　ワークシートの左側は本について調べたことや自分が読んだときのようすをメモする欄です。まずはこちらの欄を記入します。全ての欄を埋める必要はありませんが、できるだけ書き出しておいた方が発表がやりやすくなると思います。

　シートの右側は発表の流れをメモする欄です。「自己紹介」から「おすすめのポイント」までの一般的な発表の流れにそって話したいことを記入します。このとき、話す内容を文章で書くのではなく、「このことについて話そう」というメモを箇条書きで書き出すようにします。また「最後にひとおし」の欄には、時間が余ってしまったときに話せる内容をメモしておきます。この欄があることで気持ちが少し楽になるはずです。

　発表時には、このシートはあくまで「メモ」として活用します。もちろん箇条書きで挙げた内容を全部話す必要はありません。話したいことを忘れないためのメモだと考えてください。また個人的なメモですからきれいに書く必要はありません。発表のときに自分がわかればそれでよいのです。

（須藤秀紹）

ビブリオバトルワークシート

2022 version

材料集め（本についての情報）

書名（本のなまえ）
_____

著者の名前（さくしゃのなまえ）
_____

読んだ時期（いつよんだ？）
_____

読んだ場所（どこでよんだ？）
_____

動機（どうしてよんだ？）
_____

一番好きなページは？　　　　　ふせんを貼ってみよう！

どうして？
_____

キーワード（この本を３つの言葉であらわしてみよう）

1.
2.
3.

同じ作者の本を知っていたらメモしておきましょう
_____

作者のことで知っていることをメモしておきましょう
_____

発表の設計図（５分間の使い方）

自己紹介
自分のことを
知ってもらう
・・・　　　　　だいたい　　秒

本との出会い
どうやってこの本を
しったのか
・・・　　　　　だいたい　　秒

内容の紹介
あらすじや中身の
せつめい
・・・　　　　　だいたい　　秒

**読んだときの
気持ち**
こころのうごき
・・・　　　　　だいたい　　秒

**おすすめ
ポイント**
どうしてこの本を
よんでほしいのか
どんな人によんで
もらいたいか
・・・　　　　　だいたい　　秒

**最後に
ひとおし**
時間があまったら
話すこと
・・・　　　　　だいたい　　秒

(C) H. Suto, 2022

ビブリオバトル関連図書

ゲーム発案者が書いた『ビブリオバトル』という文春新書を読んでこのゲームを知った方も多いようです。まずは実際にやってみることをおすすめしますが、その成り立ちや効用、楽しみ方をもっと深く知るために、以下のような書籍が出版されています。

『ビブリオバトル
本を知り人を知る
書評ゲーム』
谷口 忠大／著　文藝春秋

小学生〜中学生向け（解説）

ビブリオバトルのルールや、子どもたちが楽しむための留意点などを紹介。ビブリオバトルに初めて挑戦する子どもたちはもちろん、ビブリオバトルの導入を考えている教員や学校司書、図書館司書の方も活用できる情報が満載。そのほか、『**これならできる！楽しい読書活動**』―アニマシオン、ビブリオバトル、ブックトークなど気軽に実践するための事例集（吉田 和夫・稲井 達也／編　小中学校読書活動研究会／著　学事出版）という本もあります。

『ビブリオバトルを楽しもう
ゲームで広がる読書の輪』

谷口 忠大／監修
粕谷 亮美／文
しもつき みずほ／絵
さ・え・ら書房

『コミュニケーションナビ
話す・聞く①
やるぜ！ビブリオバトル』

谷口 忠大【監修】鈴木出版

小学生〜中学生向け（物語）

この3冊は、小学生がビブリオバトルを実際に体験する物語。出てくる本もほとんど実在する本なので、物語を読みすすめながら、いろいろな本も読みたくなる児童書。

『ビブリオバトルへ、ようこそ！』
濱野 京子／作　森川 泉／絵
あかね書房

『なみきビブリオバトル・ストーリー
本と4人の深呼吸』
『なみきビブリオバトル・ストーリー〈2〉
決戦は学校公開日』
森川成美・おおぎやなぎちか・赤羽じゅんこ・松本聡美／作
黒須高嶺／絵　さ・え・ら書房

実践・ノンフィクション

『読書とコミュニケーション
ビブリオバトル実践集』小学校・中学校・高校
須藤 秀紹・粕谷 亮美／編　子どもの未来社

『**英語でビブリオバトル実践集**』
木村 修平・近藤 雪絵／編著　子どもの未来社

学校にビブリオバトルを導入したいと考えている教員向けの実践集。

『**読みたい心に火をつけろ！**
学校図書館大活用術』
木下 通子／著　岩波書店（岩波ジュニア新書）

長年学校司書として活躍してきた著者が、本を読む楽しさや意義をビブリオバトル等、豊富な実践をもとに語る1冊。

『**ソロモン諸島で　ビブリオバトル**
ぼくが届けた本との出会い』
益井博史／著　子どもの未来社

青年海外協力隊としてソロモン諸島でビブリオバトルを広めた奮闘記。
p.22 の Bibliobattle of the Year 2016 年大賞「益井博史さんとソロモン諸島のみなさん」にもそのようすがあります。

『**賀茂川コミュニケーション塾**
ビブリオバトルから人工知能まで』
谷口忠大／著　世界思想社

著者はビブリオバトル発案者で、舞台となる喫茶店に女子高校生たちが訪れて、学校での悩みから人工知能の未来までコミュニケーションについてのあらゆる質問をして、教授が答えるというスタイルの実用書。

小説

『**翼を持つ少女**
BIS ビブリオバトル部』
山本 弘／著　東京創元社
装画：pomodorosa
装幀：岩郷重力 +WONDER WORKZ。

中高一貫の美心国際学園（BIS）のビブリオバトル部を舞台にした本格的ビブリオバトル青春小説。続刊として、『幽霊なんて怖くない』『世界が終わる前に』『君の知らない方程式』というシリーズ（合計4冊）が出版されています。

『**図書室のバシラドール**』
竹内 真／著　双葉社

高校の文化祭で図書委員がイベントとしてビブリオバトルを開催するようすが描かれる一話が入っています。

『**書店ガール7**』
碧野 圭／著　PHP 研究所（PHP 文芸文庫）

シリーズの書店ガールのひとりが、中学の読書クラブの顧問として、生徒たちのビブリオバトルを開催するようすが描かれた短編があります。

おわりに

「心のなかにある、このもやもやとした興味を満たすために、僕はどんな本を読めばいいんだろう？　どんな本で勉強すればいいんだろう？」

そんな素朴な好奇心が、僕のなかにありました。当時、博士（工学）の学位を取得して大学院生の頃の研究テーマに一つの到達点を見出したところ。そこからより大きな海へと漕ぎ出そうとしたとき、僕の頭のなかにあったのはかたちのない疑問と興味と好奇心でした。

人はだれしもそれぞれの「問い」を抱えながら、それぞれの人生を歩んでいます。その道標となりうる先人の言葉や、作家の物語、学者の知見に出会える世界がきっと「本」なのだと思います。

でも僕たちはどうやって「本」に出逢えばいいのでしょう？　実はそれは「人生における根本的な問題」なのではないでしょうか？

2007 年。そんな問題にぶつかっていた僕が生み出したのが「ビブリオバトル」というゲームでした。今でこそ「ビブリオバトル」は全国に広まっていますが、当時の僕はそれをだれかに普及するなんて「おこがましい」と思っていました。「こんな簡単なゲームがそんなに特別なものであるはずがない！」「きっとすでにどこかに同じようなゲームがあるはずだ！」と。でも「面白い」し「ためになる」ことがわかってきたし、それに今までに存在していなかったゲームだということさえわかってきました。

さらに「人を通して本を知る、本を通して人を知る」というキャッチフレーズが表すように、ビブリオバトルの対象は「本」というモノではなく、人と人、人と本という関係性としてのコトなのだと理解できるようになってきました。「ビブリオバトルを全国に広めたら、世のなかのためになるんじゃないだろうか？」そう思ったのが普及活動の始まりでした。

ビブリオバトルを好きになってくれた仲間たちと 2010 年に「ビブリオバトル普及委員会」を結成しました。お陰様で 2010 年代を通して日本各地に広まり、「ビブリオバトル」は多くの人の知ることとなりました。

2020年から始まったコロナ禍により「一堂に会してコミュニケーションを楽しむ」ビブリオバトルは逆境を体験することになったりもしましたが、その間に、オンラインビブリオバトルの可能性が探究されたりもしました。

　本書を通してみなさんが気づかれたように、ビブリオバトルの使い方や楽しみ方には無限の可能性があります。また同じかたちでビブリオバトルを開催していたとしても、学校では新しい子どもたちが入学してきますし、図書館や書店へとやってきます。会社には新入社員、サークルには新メンバーが。そこでビブリオバトルはより楽しく、刺激的な、豊かな出会いの場を生み出していくことが期待されるでしょう。

　それを実現するためには、やっぱりビブリオバトルを実践する一人ひとりが「ビブリオバトルに関するより広い経験や深い理解」をもつことが大切です。でも一人が開催できるビブリオバトルや、参加できるコミュニティには限りがあります。だからこそ僕たちは、さまざまなビブリオバトルの実践や可能性を広くさまざまなかたちで共有することが大切なのです。

　このような背景のもと「Bibliobattle of the Year」という事業が実施されることになりました。そのようすは本書を通してみなさんが読まれた通りですが、そこで選ばれた各活動やコミュニティはまさにビブリオバトルの現在と未来を切り開く活動だといえるでしょう。それが大きなイベントだったとしても、小さなコミュニティ活動だったとしても、その全てがまちがいなく価値のある活動なのだと思います。その実践や活動の一つひとつに思いを馳せることが、みなさんのビブリオバトルに関する（擬似的な）経験を広げ、理解を深めることにつながれば幸いです。

　ビブリオバトルはだれでも簡単に発表者——主人公になれるゲームであると同時に、だれでも主催者——「主人公」になれるゲームです。本書がそんな新たな時代の「主人公」にアイデアを与え、背中を押し、「本」という世界ではばたき、冒険する翼を与えることになればと思います。

　　　立命館大学情報理工学部教授／一般社団法人ビブリオバトル協会代表
　　　谷口忠大

執筆者一覧

※所属はいずれも 2023 年 9 月現在

監修＆執筆　（ビブリオバトル普及委員会）

須藤　秀紹　（近畿大学情報学部 教授／ビブリオバトル普及委員会 理事・代表）

坂本　牧葉　（北海道情報大学 情報メディア学部 講師／
　　　　　　　ビブリオバトル普及委員会 理事・副代表）

飯島　玲生　（株式会社 NTT データ経営研究所／
　　　　　　　名古屋大学 情報学研究科 招へい教員／ビブリオバトル普及委員会 理事）

益井　博史　（立命館大学情報理工学部創発システム研究室 客員研究員／
　　　　　　　一般社団法人ビブリオバトル協会 職員／ビブリオバトル普及委員会 理事）

磯谷　梨紗　（長野県上田市 学校司書／ＡＳＯＢＯＯＫ代表
　　　　　　　ビブリオバトル普及委員会 元理事）

執筆（五十音順）

安西　朝海　（ビブリオバトル SOLA 全国大会 2021 リーダー／
　　　　　　　渋谷教育学園渋谷高等学校 卒業生）

伊藤　杏珠　（ビブリオバトル SOLA 国際大会 2021 リーダー／
　　　　　　　渋谷教育学園渋谷高等学校 卒業生）

遠藤　泰宏　（カレーショップ ダンデライオン 店主）

大石　達起　（一般社団法人 フリンジシアターアソシエーション 事務局）

大平　瑞姫　（ビブロフィリア 元部長／皇學館大学文学部 卒業生）

奥野　康作　（株式会社ブックエース代表取締役 社長）

小井優萌那　（阿波ビブリオバトル サポーター 部長）

酒井　幸典　（福岡県行橋市図書館 元統括責任者）

新藤　祐一　（カメラマン）

菅原亜十夢　（いぶりびぶりぶ♪ メンバー）

田中　裕子　（長崎県佐世保市立図書館 司書）

永石　剛　　（長崎放送）

古川　順大　（オンラインスクール OneStep 言語聴覚士 シマシマ）

程尾　好貴　（草津市立市民交流プラザ 元館長）

棟長　照夫　（草津市立市民交流プラザ 元館長）

山口　真也　（沖縄国際大学総合文化学部 教授・図書館長）

団体

●大阪府教育委員会

●はりまビブリオバトル 実行委員会：稲岡幸一郎・井上幸史・井上陽介・鵜鷹司・
金治諒子・熊谷哲・後藤伸嘉・志水千尋・
川村かおり・長谷川香里・平櫛武・
藤井由希子・藤原省三・藤輪友宏・前野翔大・
三浦一郎・山根貴子・山根道弘

●兵庫県伊丹市立図書館

ことば蔵ビブリオバトル部：鹿嶋孝子・川崎咲花・島村明・竹田直樹・種池政治・
満田弘樹・村上有紀子

執筆（ビブリオバトル普及委員会　五十音順）

五十嵐孝浩　（BiblioEi8ht 代表／建設コンサルタント）

池内　祥見　（大阪大学サステイナブルキャンパスオフィスキャンパスデザイン部門 准教授）

市川　紀子　（株式会社有隣堂 広報・マーケティング部）

今坂　朋彦　（阪大ビブリオバトル 元部長）

江上　昇　（兵庫県尼崎市 職員）

榎村　真由　（ツアービブリオ 主宰）

大西　美優　（阪大ビブリオバトル 部長）

岡野　海　（公共図書館 司書）

カモシダせぶん　（芸人）

木下　通子　（高等学校図書館 司書／社会教育士）

佐藤　慧　（公共図書館 司書）

新谷　安文　（コーヒーショップ 凡句来 店主）

高見　京子　（全国 SLA 学校図書館 スーパーバイザー／大学非常勤講師）

谷　芳明　（株式会社ヒューマンエイド 代表取締役）

谷口　忠大　（立命館大学情報理工学部 教授）

中山　岳彦　（栃木県日光市立三依中学校 教頭）

西野　貴子　（奈良県生駒市 図書館長）

西村　飛俊　（愛知県一宮市役所／図書館ボランティア団体りぶらぼ 代表）

松波　慎朗　（NTT データ先端技術株式会社）

峯苫　幸多　（会社員）

和田　浩二　（読売新聞）

本文イラスト●坂本牧葉
装丁●藤本孝明（如月舎）
本文デザイン●シマダチカコ
編集●粕谷亮美（サンタポスト）

ビブリオバトル　ガイドブック
ルール改訂版

2023 年 9 月 24 日　第 1 刷発行
2024 年 7 月 11 日　第 2 刷発行

編　著●ビブリオバトル普及委員会
発行者●奥川　隆
発行所●子どもの未来社
　　　　〒 101-0052
　　　　東京都千代田区神田小川町 3-28-7-602
　　　　TEL：03-3830-0027　FAX：03-3830-0028
　　　　振替　00150-1-553485
　　　　E-mail：co-mirai@f8.dion.ne.jp
　　　　HP：http://comirai.shop12.makeshop.jp/

印刷・製本●中央精版印刷株式会社